JN247195

教科書に
書かれなかった戦争
PART 62

ビデオ・メッセージで むすぶ アジアと日本

―わたしがやってきた戦争のつたえ方―

NPO法人ブリッジ・フォー・ピース代表
神　直子 著

梨の木舎

はじめに

私は、一九七八年に生まれました。敗戦の年は一九四五年ですから、三〇年以上がたっていました。中高生時代までは、「戦争なんて昔のこと」、「自分とは関係がない」と思って過ごしていました。将来、「戦争」と向き合い、「日本人」としてなにかをしたいと考えるようになるとは、想像さえもしていなかったことでした。年号の暗記が苦手で、歴史の成績はよくありませんでした。歴史を単なる出来事として学習していたので、そこに自分との距離を置いたり、壁をつくったりしていたのかもしれません。

そのような教育を受けていた私にとって、歴史を自分のこととして捉えていたドイツ人の女子高生との出会いは衝撃でした。

「私はドイツ人だと思われたくない。かつてナチスがやったことを思うと……」

そう言って、彼女は言葉を詰まらせました。

高校生のときに留学したイギリスでのことです。欧米諸国からの留学生一〇数人と、日本人五人の混成クラスの授業で、先生が「自分の国に誇りを持っている?」

と質問したときに、真っ先に手を挙げたのが彼女でした。自国の歴史を自分に重ねて考えたことなんて一度もなかった私にとって、彼女の発言は驚きでした。「同じ年頃なのに、なぜ感覚がこれほど違うのだろうか」と不思議でした。

次の衝撃は、数年後の大学四年生のときでした。私は、日本の歴史を自分のこととして捉えたい、戦争の傷跡はどこまで深いのか知りたいと考えるようになっていました。青山学院大学の雨宮剛先生（現名誉教授）が主宰しているフィリピンへの体験学習のことを知り、参加することにしました。

三週間の旅程で、仲間は七人でした。

「日本人なんか見たくなかったのに、なんであんたたちはフィリピンに来たんだい！」

私たちに泣きながら詰め寄ってくるおばあさんがいました。新婚当時、夫を日本兵に連行されてしまった方でした。

自分の父親を含む家族一二人を目の前で日本兵に殺された人にも出会いました。多くの遺族から直接話をきき、打ちのめされそうになりました。

戦争被害の話を突きつけられて、私の中でなにかが大きく変わり始めました。

これらの「生身の声」に触れたときから、日本人としての自分を強く意識するようになりました。自分のこととして歴史を少しずつ捉えられるようになっていったように思います。

初めてフィリピンを訪問してから三年後、新潟県のある住職から、戦時中に犯した行為を悔やみながら亡くなった元日本兵がいたという話をききました。その話に、私は言葉を失うほど動揺しました。戦争は被害者のみならず、加害者にも深い心の傷を残す……。初めて知った瞬間でした。このことが私を突き動かしました。

二〇〇四年に私は、日本とフィリピンの戦争体験者の声を映像とともに記録し、日本とフィリピンで上映会を開催して、次世代につなげていくという活動を始めました。

一〇年の月日が流れた現在は、「過去の戦争を知り、未来のかたちを考えるきっかけをつくる」ことを目標に掲げ、これまでに撮りためた約二八〇人の戦争体験者のメッセージ記録を活用したワークショップを開催するとともに、フィリピンだけではなく、戦争の爪跡が残るアジア諸国との交流活動をおこなうNPO法人ブリッジ・フォー・ピース（以下ＢＦＰ）を運営しています。

一〇〇年経つと歴史は繰り返されると言います。世代が入れ替わるので記憶が風化し、同じ過ちが繰り返される一つのサイクルだと言うのです。二〇一五年には、「終戦」時に二〇歳だった方は九〇歳、三〇歳だった方は一〇〇歳です。戦争体験者が一人もいなくなってしまったら、風化は避けられないでしょう。

戦後七〇年目の今、自分がやってきたことを次世代のために残したい。戦争体験者の生の声はもちろんのこと、日本を取りまくアジア諸国との交流など、私たちのこれまでの取り組みを紹介することで、未来に生きる人の役に少しでも立ちたい。

これは、戦後世代の私が、一〇〇年後、二〇〇年後、そしてその先の世代に遺したいメッセージです。「戦後」がずっと続くよう、心からの願いを込めて。

神　直子

二〇一五年四月

もくじ

1章 日本兵に夫を連れ去られた女性に詰め寄られて

二〇〇〇年三月三日

この日を、一生忘れることはないでしょう。衝撃的な出会いがありました。

「日本人なんか見たくなかったのに、なんであんたたちはフィリピンに来たんだい！」

年老いた女性が、私たち大学生に泣きながら訴えたのです。

ネグロス島ビナルバガン町。NGOの会議室に、地元住民や退役軍人が私たち七人のために集まってくれました。日本からやってきた若い学生に会おうと、開始時刻前から六〇人ほどが続々と入ってきました。戦争を体験したと思われる世代が多く、彼らの鋭い眼差しを受けて、私たちの緊張はピークに達していました。針のむしろに坐らされたような居心地の悪さを感じながら、会が始まるのを待ちました。

開会となり、私たちが自己紹介をすると、会場から温かい拍手が起こりました。

そして、発言をもとめて次々に手があがりました。

「息子が日本人と結婚したし、もうわだかまりはなく、家族だと思っている」と話してくれた退役軍人の方、あるいは父親がのこした戦時中の絵日記を持ってきてくれた方、また取材に来ていた地元マスコミ関係者からの発言がありました。

おだやかに会が進行して私たちがホッと一息ついた矢先、一人の女性が立ち上がりました。

その容姿から戦争体験世代であることは明らかで、顔はこわばり、その痩せた姿は弱々しく見えました。こぎれいなスーツを身につけた彼女は、決心したように地元の言葉で静かに話し始めました。通訳を介さないと話の内容はわかりませんでしたが、次第に感情が高ぶってくるその様子に、ただごとでないことだけは私たちにもわかりました。周囲の人は、なだめるようなしぐさを見せたり、顔を見合わせたりしていました。私たちは、彼女の話が終わるのを黙って見つめることしかできませんでした。

通訳のアリエルさんによると、一九四二年、二二歳だった彼女は五歳年上の男性と結婚し、幸せな新婚生活を送っていた。その翌年、日本軍がやってきて、夫をスパイ容疑で連行していった。どこへ連れて行かれ、どうなったのかまったくわからない。いまだに遺骨は見つかっていない。

バーバラさんの夫は日本軍にスパイ容疑で連行され戻らなかった。ネグロス島ビナルバガン町、2000 年

五七年という歳月の間、日本人に対する怒り、恨み、憎悪が彼女の心の中で渦巻いていたのは、その表情から明らかでした。

「日本人なんか見たくなかったのに、なんであんたたちはフィリピンに来たんだい！」という言葉は、細い身体を震わせ、溢れ出る涙をこらえ切れなくなった、彼女の感情が頂点に達したときに発せられました。

全身の力を振り絞って怒りをぶつけてきた彼女の苦しみに、私たちは圧倒されました。彼女の身体から溢れ出んばかりの思いは、言葉がわからなくても伝わってくるものがありました。積もり積もった悲しみと苦しみを一気にぶつけ、泣き崩れる彼女を前に、私たちになすすべはありません。なんと声をかけたらよいか、どうしたらよいかわからず、おろおろするばかりでした。「帰国したら手紙を書きます」と伝え、住所を聞きました。交流を続けることでしか、この心のわだかまりが解けることはない、そう感じたからです。

これが、私がＢＦＰの活動を始めるきっかけとなった、バーバラ・ベダッドさんとの出会いでした。

日本人であることをつきつけられた三週間

バーバラさんとの衝撃的な出会いから三日後の三月六日、また忘れられない出会いがありました。ルソン島イサベラ市の市長を表敬訪問したときのことです。フィリピンでは、まずその地域の長に挨拶することが恒例となっていました。広くて立派な市長室に通された私たちは、旅の目的を伝えました。すると、私たちの言葉に注意深く耳を傾けていた市長のエミリオ・モンタルボさんは、人目をはばからず大粒の涙を流し始めたのです。

エミリオさんは溢れる涙を手でぬぐい、目を真っ赤にして、私たちを真正面に見すえて言いました。

「私の家族が一二人、日本兵によって殺されたんです」

そう口にしたあと、しばらく言葉が出てきませんでした。日本人の学生が挨拶に行く――。それだけを聞いていたエミリオさんは、戦争について学びに来たという、予期せぬ私たちの訪問目的を聞き、さまざまな思いがこみあげてきたようでした。

エミリオさんは家族にふりかかった戦時中の出来事を、私たちに話し始めました。一九四五年二月三日から三月三日の一カ月間、首都のマニラは日本軍と連合国軍との間の市街戦で血塗られました。いわゆる「マニラ市街戦」です。一般市民も巻き込まれ、約一〇万もの人が亡くなったと言われています。エミリオさんの一家も、犠牲になりました。

殺された家族の名前を書くルソン島イサベラ市の市長エミリオ・モンタルボさん。2000年

一九四五年二月一三日。難を逃れようと逃げ惑っていた家族は、セント・スカラスティカス大学のそばで日本兵に見つかってしまいます。当時九歳だったエミリオさんの目の前で、家族が次々に殺されました。自分をかばおうとおおいかぶさった父親は銃剣でひと突きにされ、その下に隠れる形となったエミリオさんは奇跡的に生き残りました。父親、兄弟、親戚の一二人が殺されました。生き残ったのは、エミリオさんと母親の二人だけでした。

この二つのエピソードからわかるように、大学四年生のときに参加した三週間のフィリピン体験学習は、衝撃の連続でした。

出発前の事前学習では、日本・フィリピン間の歴史を学び、若い世代が過去に対して責任を負うということはどういうことかをたびたび話し合いました。参加者七人の間に、温度差がなかったわけではありません。先生からは、ドイツのヴァイツゼッカー元大統領の「過去に目を閉ざす者は結局のところ現在にも盲目となります」という有名な演説について教えられていたものの、

「日本人だからという理由だけで、卑屈になる必要はない」

「いや、申し訳ないという気持ちをもっていないと本当の友人にはなれない」

そんな堂々めぐりとも言える議論をかさねていました。

しかし、いざフィリピンの地を踏み被害者を目の前にすると、そんな過程はすべ

て吹き飛んでしまいました。私たちは、自分たちが意識している以上に日本人であるということを突きつけられたのです。たとえ戦争を体験していなくても、一歩国を出ると「あの日本人」として見られることを、肌で感じました。国際社会では、「過去の戦争のことは学校では教えてくれなかった」、「自分とは関係がない」といった考えは通用しなかったのです。私たちは紛うかたなく日本人であり、そこから逃れることはできません。

バーバラさんの思いと同じような感情を日本人に対して抱いている人が他にも多くいることは、フィリピン滞在中に何度も感じました。心をひらいて本音で話してくれることはなかなかありませんでしたが、私たちが「戦争のことが知りたい」という姿勢を見せると、家族にふりかかった悲劇をいたるところで耳にすることができました。定食屋の店主も、タクシーの運転手も、いまだに癒されない戦争の傷をかかえたまま懸命に生きていました。戦時中を生きぬいた誰もが、思い出したくない過去を心に秘めて過ごしているようでした。

学校訪問をしたとき、高校生から

「日本人は怖い民族だと思っていた。戦時中の残虐行為について、祖父母から聞いていたから怖かった。でもあなたたちに会って印象が変わった」

と言われて、驚いたこともありました。

ネグロス島の高校生たちと

フィリピン人はホスピタリティにあふれ、相手にいやな思いをさせないように心がける国民だと言われています。実際、戦争の話を自分からはじめる人はほとんどいませんでした。フィリピンを旅行して、「戦争の話はまったく聞かなかった」という人が多いのはそのためです。フィリピンで仕事をしていた知人によると、一〇年以上付き合いのあるフィリピン人が戦争の話をしてきたのはたった一回で、それも酔った勢いでのことだったそうです。

私たちは本当に幸運でした。三週間の滞在中に、貴重な戦争体験をしっかりと聞くことができたのです。

フィリピンへ渡った元日本兵の思いを知る

二〇〇〇年三月二一日に帰国し、その数日後には大学の卒業式が控えていました。そして、四月一日付けで一般企業への就職が決まっていました。フィリピンで見たこと、聞いたこと、体験したことを自分の中で消化できぬまま、会社員としての社会人生活に突入しました。しかし、私の心からフィリピンでの体験が消え去ることはありませんでした。

引率してくださった先生が語った、

「見たこと知ったことに対してなにもしないのは知的搾取だ」

という言葉がひっかかっていました。

〈辛い戦争体験を日本の若者に話してくれたのは、なぜだろう〉

〈戦後世代の私に、いったいなにができるだろう〉

〈自分なりの答えが出るまでは、再訪はできない〉

そんなもやもやした気持ちを抱えたまま、月日だけが過ぎていきました。会社員としての日々を過ごしながら、帰国後のレポート提出や、大学での報告会をこなしていきました。

ある日、職場の上司が戦争の話をしたことがありました。それを聞いた中年の女性社員が、「そんな昔のことを……」とクスクス笑い始めました。

私はとても複雑な心境でした。フィリピンで戦争被害者と出会い、いまだ苦しみが残る姿を目のあたりにしていたので、「戦争は昔のこと」とは思えなくなっていたのです。しかし、そのことを思い切って話せるほど頭の中は整理されておらず、意見を言えずにその場をやり過ごしてしまいました。

ふいに転機が訪れます。二〇〇三年四月、元日本兵の思いを知る機会にめぐまれたのです。その後結婚し、現在の夫であるジャーナリストの浅井久仁臣の講演に同行し、新潟県小千谷市にある極楽寺にお邪魔したときのことでした。お堂での講演が終わったあと、お茶を頂きながら住職の麻田秀潤さん、克子さん夫妻と雑談をしていました。

前年に八九歳で亡くなったある門徒さんの話になりました。生前、その方は上官の命令のままにおこなった残虐行為を話したことがあったそうです。おびえて命ごいをする人々の姿、そんな彼らに銃剣を刺す自分自身の姿。人を殺す手の感触が、今も夢に出てきてうなされること。復員後結婚し、子どもが生まれても家族の誰にも話せず、自分の胸だけに抱えこんで生きてきたこと……。

私の胸はドクドクと高鳴りました。二〇〇〇年のフィリピンでの衝撃がよみがえってきました。

〈二〇〇〇年、初めて訪れたフィリピンで出会った人々が戦争による心の傷を抱えていたが、戦争へ行った元日本兵も同じように苦しんでいる〉

〈被害者はもちろんのこと、加害者と言われる人たちも同じように戦争の被害を受けたと言えるのかもしれない。亡くなる直前までそのような記憶を持ちつづけなければならないという重圧は、いかばかりだろう〉

やるせない思いで、いっぱいになりました。

被害者にも、そして加害者にも、戦後ずっと苦しみが残っているという現実にショックを覚えました。

〈被害者も加害者も、戦争で負った心の傷には通ずるものがあるのではないか〉

BFP 設立のきっかけをくださった麻田秀潤さん、克子さんご夫妻

直感的にそう感じた私は、元日本兵の今の思いをフィリピンに届けることで、なにかが生まれるかもしれない、と思いました。

「過去」に目をそむけることなく向き合うと同時に、若い世代として戦争体験者の思いを受けとめ、それを伝えていきたい。ぶつけるところのない怒りがいまもなお渦巻いているフィリピンへ、当時のことを悔やんでいる元日本兵の思いをビデオ・メッセージとして届けよう。私は、そう決心していました。

帰りの列車に乗りこむやいなや、待ちきれず、すぐさま浅井に話しました。

「いいんじゃない。やってみたら」

拍子ぬけするほど簡単に、二つ返事で言われました。

私とは年のはなれた彼は、いわゆる戦争世代の「子ども世代」です。あとになって聞いたことですが、その時から二〇年ほど前に、元日本兵の取材をしようと一念発起してビデオカメラを買い、全国取材をするために車まで買いかえたことがあったそうです。しかし、折りしも湾岸危機が起き、戦争特派員としての本業が忙しくなり、その夢は叶わぬままになっていたといいます。

気持ちが動きだしていた私は、帰宅後すぐに麻田さんへファクスをお送りしました。ビデオ・メッセージ構想の第一歩でした。まず講演会のお礼をしたため、フィリピンで私が出会った人たちのことやご夫妻に話を聞いたときの私の心境を書き、元日本兵の声を集めたいので協力してほしいと書きました。

しかし、待てど暮らせどお返事はありませんでした。数年後、現在はＢＦＰの支援者であるご本人から聞いた話では、次のような心境だったとのことです。

「ビデオ・メッセージを撮影することは難しい。社会の風あたりも強いだろうし、進めないほうがよいかもしれない。断ると気の毒だから、そっとしておこう」

そのような配慮とはつゆ知らず、返信がないことが気にかかりながらも、私は次の行動に移し始めていました。

2章 ブリッジ・フォー・ピースの誕生

二〇〇五年、元日本兵と初対面

最初のフィリピン訪問から三年の月日がたって、ようやくビデオ・メッセージのプロジェクトは産声をあげました。

フィリピン体験学習でお世話になった先生に相談したり、新聞社に証言者を探していることを掲載してほしいと依頼したり、国会図書館や靖国偕行文庫で見つけた元日本兵の連絡先に手紙を送ってみたり……と、手当たり次第に動きました。インターネットも利用しました。関連のありそうな掲示板に書きこんでみたり、メーリング・リスト（登録者全員に同時に電子メールを配信する仕組み）で証言者を募集したり、思いつくことはなんでも実行しました。

ある出版社のホームページに、元日本兵が自費出版した本の紹介があり、著者に会いたいとファックスを送ったこともありました。すぐに、返信が届きました。

「著者八六歳に連絡しましたら、戦争のことは子供にもあまり語っていないようです。そんなことから本に遺した様子ですので、面会はできません」

子どもにも語っていないことを、見ず知らずの人に話せないというわけです。当然だろうと思いつつも、その本を取り寄せて著者に手紙を送りましたが、結局話を聞くことはできませんでした。

ビデオ・メッセージを制作しようと決めたものの、元日本兵の知人がいるわけではなく、てづるもなかったので、証言者を探すだけでも大変なことでした。覚悟はしていたものの、取材を受けてくださる方は簡単には見つかりませんでした。

なんの情報や手がかりがないまま、時間だけが過ぎていきました。「やはり、無理なことだろうか……」と一人で途方にくれました。

二〇〇五年、初めての元日本兵取材を実現することができました。きっかけは、「フィリピンでの戦争体験者を探しています――私は二〇代です」と題して複数のメーリング・リストに情報提供を呼びかけたことでした。

当時、私が書いた文章です。

初めて投稿させていただきます。神直子（二七歳）と申します。私は二〇代ですが、戦争を体験した世代がいなくなってしまったら、語り継いでいくのは「戦争を知らない私たち」という意識があります。だからこそ、いろいろと知る必要があると思っています。

そこで、お願いがあります。フィリピンで戦争を体験された方を、どなたかご紹介頂けないでしょうか。五年前、私はフィリピンに行き、未だ戦争の傷が癒されない人々の苦しみをぶつけられました。夫を亡くした女性は、「日本人なんか見たくなかったのに何であんたたちはフィリピンに来たんだい！」と泣きじゃくりました。六〇代の男性は、「自分の親戚、全員殺された。父親は自分の目の前で虐殺された」と、静かに涙を流しながら、震えていました。

なぜ、このような事が起こってしまったのか、私は日本人として知る必要があると思っています。軍人としての自分の行為を悔やんでいる人がいる、ということを知りました。私は、ぜひ日本人のそのような思いをフィリピンへ届けたいと思っています。もし可能であれば、未だ癒されない傷を抱えたフィリピンの方に、ビデオ・メッセージとして届けたいのです。戦後、日本人に全く会っていない人は、未だに日本人を怖い人種、として恐れています。私より若い世代の高校生ですら、「日本人は怖いと思っていた」と親しくなった後に教えてくれました。

もしご紹介いただけるようでしたら、全国どこへでも伺うつもりでいます。お聞きできるのは、あと数年だと思っています。伝承していただく機会がなければ、私は自分の後の世代に語り継いでいくことはできません。どのような情報でも結構です。お待ちしています。今年一〇月には、証言していただいたビデオ・メッセージや資料を持参して、再度フィリピンを訪問する予定です。ご協力お願いします。

当然のことながら、生き残った自分が、どうしてそんな話をしなければいけないのか、と憤りを覚える方もいるでしょう。若い世代のために、お願いしたいのです。よろしくお願いいたします。

様々なメディアにも呼びかけてきましたが、なかなか該当者にめぐり合う事ができずにいます。

神　直子

いま読みかえしてみると、自己都合だけをならべた配慮のたりない内容です。それにもかかわらず、読んだ方々から「熱意のこもったメールを読みました。心当たりのありそうな大学の先生を紹介します」、「私もフィリピン関係のことを調べたことがあります。手元の資料をお譲りします」など、連絡が入るようになりました。日本全国から届く反応に勇気づけられました。ここで引きさがるわけにはいきません。

〈つらい思いをしながらも、戦争体験を話してくれたフィリピンの方々になにかお返しがしたい〉

そのことが私の原動力となっていました。

仕事で付き合いのあった星野智子さんから、嬉しいメールが届きました。フィリピンへ派兵されていた元日本兵を紹介してくれるというのです。

＊星野智子さんからのメール

おはようございます、星野智子です。ごぶさたしてます。

先日メーリングリストでフィリピンでの戦争体験者を探しているとのメールをみました。大事な活動をしているなと感心しました。

母の一番上の兄は戦時中に陸軍軍楽隊としてフィリピンにいたのですが、あいにく他界してしまっているので、母からの伝言で当時の惨状を聞いた事があります。

それで神さんのことを言ったら、叔父の後輩でコンタクトを取れる××在住の方がいるそうなので紹介します。昨日母が電話で話したらインタビューもOKとのことです。叔父と同様にフィリピン各地で慰問演奏をしていたので地元住民との交流もしているし、激戦時には楽器を銃に替えて参戦した経験もお持ちです。だから攻める方攻められる方の両方のお話ができるとも言って下さったそうです。千葉の星野百合子（母）の紹介と言って電話してみてください。

西村時春さん電話：×××

神さんの言うとおり、ここ数年が語り部と直接接触できるチャンスですよね。東京大空襲展も来週から始まりますが、これも盛り上がるといいですね。では、西村さんによろしくお伝えください。

星野智子

こうして、二〇〇五年三月二日に、元日本兵の西村時春さんと会えることになりました。このプロジェクトを思い立ってから、二年が経とうとしていました。

初取材に、私は極度に緊張していました。いま思い出そうとしても、正直なところ、詳細に思い出せないくらいです。東京都内の喫茶店で待ち合わせ、二時間くらい話をお聞きしたと思います。質問リストを用意してのぞんだので、それにそって確認するように進めたと記憶しています。戦争中、フィリピンへ兵隊として行った人が目の前にいる。その実感を得るだけで、私には十分すぎる体験でした。この取材を機に、西村さんの畑で野菜を一緒に収穫したり、亡くなるまで手紙の交換をしたり、と親しくしていただきました。

人から人へ、つながっていく縁

その後、メーリング・リストの投稿を読んだ、と小倉志郎さんが連絡をくれました。小倉さんは、「軍隊を捨てた国コスタリカに学び平和をつくる会」世話人で、一〇年たった今も強力なサポーターの一人です。生徒と一緒に戦争体験の聞き取りをおこなっている高校教員の方を紹介してくれ、さらにその人が代田銀太郎さんへとつないでくれました。代田さんはフィリピン刑務所に収監されているときに、『ああ、モンテンルパの夜は更けて』を作詞したことで有名な方です。この歌を人気歌手の渡辺はま子が歌い、フィリピンの捕虜収容所に収容されていたBC級戦犯一〇八人の命が救われたと言われています。

これが二回目の取材となりました。戦犯だった方への取材ということで、気合が入りました。

高鳴る気持ちをおさえながら、地図をたよりにご自宅に伺いました。玄関前では、当時九一歳だった代田さんがネクタイをしめ、直立不動の姿勢で待っていてくださいました。お座敷に上がると、お茶菓子がたくさん用意されていました。長野の特産品であるあつあつの五平餅をほおばりながらの取材が始まりました。

「どんな戦だって、悲惨で悪いことは当たり前。正義の戦とか言っても、そんなものはない。戦争そのものが罪悪」

たんたんと話す戦争の現実に、引きこまれていきました。

取材が半ばを過ぎた頃、フィリピン人にたいする気持ちをおたずねしました。

「フィリピンには迷惑をかけた。お詫びしたりしないといけないけれど、個人的にどうするというのはできない……」

そして、地元で続けてこられた日比友好協会の活動について、力説されました。フィリピン人にたいして謝罪してもらいたいと思って始めたわけではなかったのですが、軍隊というピラミッド型の組織において、一個人が謝るのは難しいことだと感じました。元戦犯かつ中尉という責任ある立場にあった代田さんでさえそうです

「ああ、モンテンルパの夜は更けて」
の作詞者、代田銀太郎さん

から、下級兵となるとなおさら難しいことなのでしょう。

直接的な謝罪の言葉はありませんでしたが、このような話し方にこそ、気持ちがあらわれているようにも思えました。私は映像を見せるフィリピンの方々を思い浮かべながら、代田さんの話に耳をかたむけつづけました。

その後も、さまざまな縁がつづきました。日本軍の捕虜問題にたずさわるジャーナリストの徳留絹枝さん（現会員）と知り合い、その徳留さんから伊吹由歌子さん（現会員）を紹介されました。伊吹さんはフィリピン戦従軍者と戦没者遺族を中心とした集まりである「曙光会」の存在を教えてくれました。曙光会は、二〇〇五年当時、北海道から台湾まで五五〇人もの会員をかかえていたので、最大級の戦友会の一つであったと言えるかもしれません。

二〇〇五年三月、「曙光会」機関紙の近藤敏郎編集長に手紙を書きました。すぐに嬉しい返事がありました。

「よかったら会に入会してください。最年少の会員として歓迎します。私は八三歳。まだ若いです」

心温まる手紙に、感激したのを覚えています。早速会員になり、元日本兵と知り合う機会がふえました。人から人へと縁がつながり、映像を撮りためていきました。

プロジェクトへの不安と確信

取材は少しずつ軌道にのり始めていましたが、すべてがうまくいったわけではありません。取材依頼の電話をかけても、「家族以外には話せない」「来ても話すことはない」とぶっきらぼうに電話を切られてしまうこともありました。

またあるときは、取材依頼の手紙を送った直後、「もうなにも心に引っかかるものもなく、心静かに暮らしている、そんな父をそっとしておいて頂けませんか？」と、娘さんからの返信が届いたこともありました。戦争を生きのび、家庭を築いて幸せな暮らしを手にした人にとって、戦争は思い出したくない暗い過去の出来事であり、家族にすら話せないこともあるでしょう。ご本人は話したいと思っていたかもしれませんが、連絡手段をたたれてしまい、事実を確認するすべはありませんでした。

動き出した私自身でさえ、不安がなかったと言ったら嘘になります。記憶を掘り起こすことは、元日本兵にいやな思い出をよみがえらせてしまうことでもあります。この点に不安がまったくなかったわけではありませんでした。また、ビデオ・メッセージの交換をしたところで、一体なにになるのかという気持ちがなかったわけではありません。それに、会社勤めをしていたので、かぎられた自分の時間の合間をぬって行動することへの心もとなさもありました。

私を気づかって、「あぶないからやめたほうがいい」と助言する人もいました。表向きは賛同してくれても、「今まで同じようなことをたくさんの人がしてきたにもかかわらず、残念ながら著しい成果があったとは言えない」と、暗に動くことをとめるようにうながす人もいました。

それでもなお、私には継続すべきだという強い確信がありました。それには三つの理由があったからです。

一つ目は、いまわしい心の傷にしっかりと向き合うことで、その体験から解放されるという自分の体験にもとづいた確信があったことです。たとえば、トラウマをかかえた人が心理療法を受ける際、その一つの手法が、体験をひも解き、向き合い、その体験がもつ意味をとらえ直すことにある、と聞きます。心の中にこり固まってしまった体験を人に話すことで、少しずつ癒されることもあるでしょう。これまで話せなかった人にこそ、口をひらいて過去と向き合ってほしい。そう考えて、証言者を探し続けました。元日本兵が過去と向き合うことで、心やすらかに余生を過ごしてほしいと思っていました。取材のあとに、「話してすっきりした」、「気持ちの整理がついた」、「心の重荷が軽くなった」と言われたこともありました。

二つ目は、戦争のある社会に終止符をうちたいという切なる思いからでした。過去に学ばなければ、同じ過ちを繰り返すことになる。戦争体験者がいなくなってしまったら、語り継いでいくのは私たち「戦争を知らない世代」。今聞いておかなければ、あの戦争がどのようなものだったのかわからなくなってしまうという焦りもありました。

そして三つ目は、なんと言ってもフィリピン人との出会いです。つらい戦争体験を語ってくれた方々になにかお返しがしたい。元日本兵のビデオ・メッセージを現地へ届けることが、当時の私のゴールでした。私はやめるわけにはいかなかったのです。

二度目のフィリピン訪問に向けて

取材を進める一方、二〇〇五年一〇月にフィリピンでビデオ・メッセージの上映をすることに決め、その準備をすすめました。当時は、時には週末にも出勤する忙しい毎日でした。帰宅後に映像の編集や出発準備をし、休みの日を取材にあてていました。今思い返すと、どこにそんなエネルギーがあったのだろうと思うくらいに、なにかにつき動かされるように、私はわき目もふらず取り組んでいきました。

二〇〇五年四月のある日、大学生のときにフィリピンへ一緒に行った津田恵美さんの家に泊まり、一晩語り明かしたことも再訪への気持ちを高めるよいきっかけと

フィリピンツアーに同行した津田恵美（左から２番目）さんと著者、2000 年

なりました。私たちが訪問したときの様子が、『フィリピンで変わっちゃった――学生たちの暑い夏』と題されて、日本テレビで放映されたことがありました。ひさしぶりにその映像を見ようということになり、二人でなつかしい映像を見ながら、思い出ばなしに花をさかせました。多くはたわいもない話でしたが、中には心に深くささるエピソードもあり、それらが私をつくってくれたのだと感じとることができました。

文学部英米文学科に所属していた私は、いわゆるふつうの大学生でした。気ままに好きな授業を履修し、授業がないときは友人とお茶をして、また自由に使えるお金がほしくてアルバイトも頑張っていました。大学一年生のときは、高校時代からの延長でジャズダンスのサークルにも所属し、青春真っ只中。親許を離れ、生まれて初めて体験する一人ぐらしが、私の心を解き放っていたのです。親のすねをかじってなに不自由ない生活にどっぷり浸かり、自分のことだけを考え、刹那的に生きていたのでした。

そんな自覚がまったくないまま、大学生活をすごしていた私の価値観を大きく揺さぶったのが、生命倫理の授業でした。

倫理学の小原信先生が担当するその授業は大変な人気で、さまざまな学科から三〇〇人余りが受講していました。大教室での講義にもかかわらず、居眠りや内職をしている人がほとんどおらず、熱気に包まれた授業だったと記憶しています。他の授業ではまぶたが重たくなってしまう私でさえ、この授業では珍しく目を見開き耳を澄ましてノートをとり、毎週欠かさず出席していました。

先生が繰り返し口にされたのは、「心の地図を広げる」ということでした。仲間内だけの生ぬるい環境に自分を留めるのではなく、世界にはさまざまな問題があるのだということを自覚して初めて大人だ……。そんな価値観を提示されて、これまで自己中心的で、サークルなどの仲間内だけで過ごしていたことに、違和感を覚えるようになっていきました。

一九歳でしたから、先生のおっしゃることを疑うことなく、真剣に考えるようになっていったのでしょう。大学生活一年が過ぎた頃、大好きで熱中していたダンスサークルを辞める決断をしました。

周囲は驚いたし、先輩方は引きとめてくれましたが、もっと広い視野で社会を、世界を見ていきたいという気持ちのほうが日に日に強くなっていたので、迷いはありませんでした。

サークルを辞めた直後はどこにも所属していないという孤独感に悩んだ時期がありましたが、時間が経つにつれて環境問題や国際問題に目が向いていくようになりました。一般教養で科学思想史を受けもっていた山口幸夫先生（現原子力資料情報室の共同代表）や、さまざまな人権問題を詳説してくださった関田寛雄先生をはじめ、すばらしい教師との出会いがあり、少しずつではありましたが、私は自分の軸になるものを形作っていくことができました。

三年生からのゼミで黒人文学を専攻するようになったのは、そんな私の自分探しの旅を後押ししてくれたように思います。米黒人作家たちの、深い洞察に溢れた作品に触れるうち、「向き合う」ことの重要性を考えるようになりました。白人に憧れて、アフリカン・アメリカンとしてのアイデンティティの揺らぎを描いた作品を通して、私自身も自分とはなに者かと問い、その頃悩んでいた家族の問題にもきちんと向き合わなければ、そこから逃れられることはないのだと自分なりの確信のようなものをつかんだように思いました。

立ちはだかる課題に真に向き合うことなくしては、そこからの解放はない。逃げてはいけない、逃げても心のどこかに残る。向き合わなければいけない――。こんなふうに決意したことが、のちのち、過去の戦争と向き合うことこそが自分の国に誇りを持つための第一歩だ、と考えるようになった自然な成り行きだったのかもしれません。

そのころある友人が「フィリピン体験学習」について教えてくれました。それはタイミングを合わせたかのようでした。

その友人は、フィリピンには、「物質至上主義の日本にはない豊かさがあった」と目を輝かせて話してくれました。三週間の旅で出会った人々の温かさや優しさに彼女は魅了されて帰ってきたのが見てとれました。

くわしく話を聞くうちに、発展途上国の現状を知ることと、過去の戦争を知ることが旅の目的であるその体験学習に自分がどんどん引き込まれていくのがわかりました。フィリピンに行き、私も生きる指針を見出してみたい――。そう決断するのに時間はかかりませんでした。

そして足を踏み入れた初めてのフィリピンで、癒されない心の傷を抱えたたくさんの人が、涙ながらにその苦悩を訴えてきたのです。懐かしい映像を見ていると、鮮明に当時の体験がよみがえってきました。

新聞に掲載されて広がった出会い

元日本兵を紹介してくれたり、応援してくれたりする人が増えてきたこともあり、二〇〇五年五月四日に初のメールニュースを発行しました。プロジェクトの趣旨と、取材内容を掲載した第一号です。

メールニュースを発行すると、「せっかくだから、ブログなどで発表して不特定

私の人生に大きな影響を与えた「フィリピン体験学習」2000年

多数に活動を知ってもらったほうがいい」とアドバイスしてくれた人がいました。一度も会ったことがなく、インターネット上で知り合った人でしたが、私は言われるまま、生まれて初めてブログを立ちあげました。自分自身の気持ちの整理にもなり、とてもよい助言だったと今でも感謝しています。

そして、そのブログが思いがけない展開をもたらすことになりました。新聞記者が目にとめてくれたのです。ブログを始めて、数カ月後の出来事でした。

ある日突然届いた朝日新聞の記者からのメールに、私はとても驚きました。若い世代の取り組みを取材したいという主旨でした。もちろん、ふたつ返事で依頼をうけました。

記事が掲載された二〇〇五年七月二一日は、朝六時台から自宅の電話が鳴り出し、たくさんの反響がありました。記事は、パソコンに向かう私の大きな写真入りで、『占領が残した溝　証言の橋』というタイトルがつけられました。社会面のトップに掲載されたこの記事は、多くの人の目に触れたようでした。

「父親が書き残した未公開の自伝が屋根裏の物置に眠っているけれど、役に立つのであれば送ります」という連絡がありました。フィリピンで現地召集され、過酷な戦場に駆り出されたという苦い思い出を便箋にびっしり書いてきた方もいました。『呂宗虜日記』の著者である伊藤猛さんを紹介したいという連絡も入りました。そ

占領が残した溝
証言の橋
語りつぐ戦争
食料奪った…70代、初めて告白
80代「戦争知らんもんが始めようとする」
元日本兵らビデオ

初の紹介記事
『朝日新聞』
2005年7月
21日付

の数カ月後には、伊藤さんにお会いできました。

出勤前に、ファックスや電話の対応に追われることにはなりましたが、文字通り嬉しい悲鳴でした。帰宅すると、留守番電話にフィリピンの戦場で体験した話を語る、元日本兵からの長いメッセージが残っていました。すぐさま、折り返しの電話をしました。

電話をくれたのは、京都在住の廣瀬耕作さんでした。一時間ほど話をきいて、電話をきるときには、

「よう聞いてくれた。ありがとう、ありがとう」

と、涙声で受話器をおかれました。フィリピンでたくさんの日本人が亡くなったという事実を、若い世代が知らないことをとても悲しく思っていたという廣瀬さん。後日、遺書として書いたという著書『ネグロス島敗残兵記』を送ってくださった際、同封されていた手紙にこう書いてありました。

あまりにも我々にとって酷だった戦争。全て人災であり、人がやろうと思わなければやらずに済むもの。その渦中に放り込まれた当時の人間にとって、どうしても書き残しておきたいと遺書のような気持ちで書きました。子ども二人は読んでくれたのですが、孫の女の子は「化石のようなことを言って」と未だ

に読んでくれません。

出兵の時は、髪の毛と爪を封筒に入れ、家族あての手紙と共に置き出発しました。若者たちにこんな想いを二度とさせてはならない、との想いで一杯です。


数カ月後に廣瀬さんの自宅を訪問して、じっくりと話を聞かせていただきました。

「戦争は人災や。人が始めたものは、絶対になくせる」

廣瀬さんのこの想いは、今も活動を進めるうえでの大切な指針です。廣瀬さんはいまも支援金を送ってくれる強力なサポーターのお一人です。

公の媒体に掲載されるということは、当然のことながら好意的な反応ばかりではありませんでしたが、励ましの数にくらべたら、ほんのわずかでした。「もっと日本のよいところも知らせたほうがいい」、「フィリピンが独立できたのは、日本の戦争によるところが大きい」、「誤った情報を現地に届けてしまうのではないか」などの意見がよせられましたが、きまって匿名の人たちばかりでした。まったく理解ができない内容ではありませんでしたが、フィリピン人の苦しみや悲しみを知っていると、これらの指摘を真に受けることはできませんでした。

新聞にとりあげられたことで、気持ちをいっそう高めることができました。二〇〇五年七月二四日付けのブログには、こう書きました。

廣瀬耕作さんご夫妻

私は、プロジェクトに関する次のような質問をたくさんいただきます。

「このプロジェクト後、あなたはこれからどうしていきたいのか」

「ビデオを通してどういう効果を生み出したいのか」

「フィリピン人はゆるしているというのに、なぜ今さら伝えるのか」

「なぜ今の若者に過去の戦争を知る意義があるのか」

「どうしてそれほどまでにフィリピン人に伝えたいと思ったのか」

「平和ということはどういう状態をさしているのか」

「こんな事をして戦争はなくなるのか」

明確な答えは、フィリピン訪問後にしたいと思いますが、私は大きな成果でなくてもいい。小さなことから一人ひとりが始めればそれがいつか大きなウネリとなって表れるから。そう思っています。

このプロジェクトを通して、私自身が戦争の惨状を少し想像できるようになって、やっぱり戦争は嫌だと心から思えるようになっています。そして、自分を実験台にして、どういう過程を経たら人間は、自分が体験していないことを想像できるようになるか、という道筋も見えてきたような気がします。
戦争がかっこいいと思っている人は、自分がそんな目に遭うと想像ができていないのかもしれません。平和を築くためには戦争しかないと思っている人は、戦争のない社会をイメージする力が乏しいのかもしれません。これまでの社会だって戦争があってこそ成り立っているからこれからも必要だと唱える人は、既存の社会システムから抜け出すことを想像できていないだけかもしれません。

全てに共通するのは「想像力」。だって、私がお会いした戦争体験者の中に「またあの体験をしてみたい」、なんていう人は一人もいないから。体験したら嫌なもの。体験してないから憧れる。

もし、これが現状ならば「想像力」が鍵であり、私はそれを培うための手法を、このプロジェクトを通して学ぶことができているように思います。そんな、プロジェクトの意味が見え始めた戦後六〇年目の夏。

この一〇月には、フィリピンへ向かいたいと思います。

一四人のさまざまな証言を記録し、ビデオ・メッセージに

二〇〇五年九月、フィリピン戦友会「曙光会」の近藤さんのところへ、出発前の最後の取材に行きました。

初めてお会いする近藤さんは、サンダル履きで白いTシャツにジーンズ姿。八〇代とは思えぬよそおいで、自転車で駅まで迎えに来てくれました。

鮮明な記憶力を持つ近藤さんの証言は、迫力がありました。

「人を殺せない、なんてことはなかったね」「戦争は恐ろしいよ。人を殺すことができるようになるんだから」——目をあわさず、そう言葉をはきだすように、当時をふりかえりました。近藤さんは、陸軍本部付きの衛生兵として、ルソン島とミンダナオ島の戦闘に参加しました。さまざまなエピソードを話したあとに、加害の話をしてくれました。

「フィリピンなんか二度と行きたくないね。あんた、人を殺してごらんなさいよ。行けないよ、あんなとこ。自分の撃った弾の行き先でなにが起こったかはわからない。民間人がいたかもしれないね。今日はもうこれ以上話さない。こんなに話したことはほとんどないんだ……」

近藤さんの取材を含めて、半年間で合計一四人の証言を撮影収録しました。始めた当初は不安でしたが、聞く姿勢を見せる私を受けいれて、皆さんは胸の内を語ってくれました。最初はかたくなに話すのをこばんでいた人も、電話や手紙のやりと

近藤敏郎さん（故人）。
2005年

りをするうちに心をひらいてくれることがありました。取材後、「戦争の話をこんなにしたのは久しぶり。本当にすっきりした」と言われ、不安が吹き飛ぶようでした。

元日本兵の話を聞くうち、戦争に対する考えが一人一人ちがうことに気づかされました。

なかでも、「戦争責任」に対する考え方は複雑でした。日本の戦争責任に話が及んだとたん、急に声を荒げた人がいました。

「日本の戦争のおかげでアジアが独立できたんじゃないか」

そう言いはなつと、日本軍のよいところを、熱く語り始めました。しかし、ひと通り話し終えると、われにかえった様子で、

「個々の人間はみんないい人。戦争が人間を悪くするんだ」

それまでとは一転、暗い表情で、そうつぶやきました。

そういう元日本兵を見ていると、加害者であると同時に、時の為政者によって彼ら自身が「被害者」になっていたと言えないだろうか、と感じずにはいられませんでした。

また、当時の行為を悔やみつつも、責任は一体誰にあるのかと自問自答する姿にも出会いました。物資の配給がとだえ、現地の人から食料を奪ったことについて

「申し訳ないことをした」と発言したあとで、「でも配給がなかったから仕方なかった」、「好きで戦地へ出向いたわけではない」と、言葉がつづくことがほとんどでした。

あの時代、戦争に巻き込まれてしまった人が、正面からその罪を認められないのは当然かもしれません。責任者は誰なのかと問いたいし、自分は好きでフィリピンを荒らしたのではない、と主張したくもなるでしょう。

ある人は、「兵隊は人を殺したことは絶対に言わない。このことを認めなあかん」と言っていました。あまりに過酷な体験をしてしまった多くの元日本兵は、過去と向き合えず、いまもなお戦争をひきずっているようにみえました。

そんな彼らのさまざまな証言を編集し上映するため、上映許可の書類に捺印してもらいました。ある人は、次のような手紙をそえて返送してくれました。

> かつての日本の軍隊の中には上官の命令は天皇の命令である、という拒むことのできぬおきてがあったということを申し上げておきます。私は初年兵でしたが、同年兵は皆同様に、自分で思ったように動くことは不可《ママ》の一個の機械の部品に等しかった。ビデオを見た方がどのように感じてくださるか、生き残った関係者に思いもよらぬ不幸が及ぶことのないように希望します。

ビデオを見てくださる比島の方々にごめんなさいと申し上げ、これから先フィリピンと日本の民衆は仲良しで楽しく暮らすことを念願と致しませう。その昔の日本人老兵の願いです。

こうして集めた一四人分の取材テープがそろったあとが、また大変でした。映像の編集経験なんてまったくない私が、元日本兵の証言をＤＶＤにまとめようとしたのです。今思えば、まったく問題がないほうがおかしいくらいですが、当時の私は無我夢中で、そんなことすら気づかず、一人で黙々と作業をしていました。映像編集は、仕事から帰宅した夜に少しずつおこなわなければならず、疲れはピークに達していました。

そんなときに悪いことは重なるものです。

出発直前にパソコンが壊れ、編集していたデータが消えてしまいました。だからといって、あきらめるわけにはいきません。思い切って新しいパソコンを買い、作業に取りかかりました。

再びゼロからのスタートでした。このときは友人の映像作家、「トウワ２」くんに助けを求め、編集のこつを教えてもらいました。

映像編集に時間はかかるもので、出発前夜になっても満足できるものには仕上がっていませんでした。

ほとんど寝ずに朝をむかえ、なんとかＤＶＤを作成することができました。ビデオ・メッセージは、出発ぎりぎりにようやく完成しました。

3章　ビデオ・メッセージへの思いがけない反響

ビデオ・メッセージの初上映

二〇〇五年一〇月六日、フィリピンへ旅だちました。

一カ月の滞在中に、さまざまな場所でビデオ・メッセージを上映できるよう、段どりを整えてもらっていました。出発直前にできた三七分間のビデオ・メッセージも、当初思い描いていたとおりにフィリピン人に「元日本兵が今どのような思いでいるか」ということを伝える内容に仕上がり、ひと安心して空港に向かいました。

機内では前日からの作業疲れと安堵で、眠りこけていました。

約四時間後、日本から約三〇〇〇キロ離れたフィリピンに到着しました。五年ぶりのフィリピンです。

着陸時にはすっきりと目も覚め、飛行機を降り立った瞬間から感じる南国特有の熱気に気持ちが高ぶりました。

初めてのビデオ・メッセージ上映は、マニラから飛行機で約一時間のネグロス島でした。ここで、ボランティア活動を行うためにフィリピンに長期滞在していた大学の先輩、西島恵さんと合流しました。現地での上映会開催に向けて奔走してくれた人です。その足で、再会を夢見ていたエミリオさんの自宅に向かいました。エミリオさんは、二〇〇〇年当時務めていた市長の職を退かれ、今は故郷でおだやかに過ごされていると聞いていました。

玄関ベルを鳴らすと、なつかしい顔に迎えられました。ご夫妻であたたかく迎えてくれたエミリオさんは、五年前より少しやせたように見えましたが、優しい笑顔はそのままでした。

挨拶もそこそこに、今回の訪問目的を伝えました。二〇〇〇年に辛い戦争体験を打ち明けてくれたことに感謝していること。お返しに日本人としてなにができるか模索し続けたこと。その結論として、元日本兵のビデオ・メッセージを持参したこと――。出会ってからの五年間を、私は無我夢中で伝えました。

エミリオさんはすぐに主旨を理解し、ビデオ・メッセージが見たいと言ってくれました。DVDプレイヤーがないということで、書斎のパソコンで見てもらうことになりました。日本とフィリピンではDVDの形式がちがうので映るかどうか心配でしたが、難なく読みこみ始め、タイトルが画面に映りました。私は安堵すると同時に、緊張がとけ、背筋が伸びる思いがしました。

ビデオ・メッセージを見るエミリオ（中央）さん。ネグロス島、2005年

こうして初のビデオ・メッセージ上映が始まりました。元日本兵の顔が画面いっぱいに広がり、最初の証言者が語りだしました。英語の字幕をつけたので、その文字を追い、元日本兵の表情を食い入るようにみつめていました。エミリオさんは、最後まで一言も言葉を発せずに見つづけました。

上映が終わると、エミリオさんは深呼吸をしました。そして、「とても共感できる内容だった」と落ち着いた声で言いました。特に、婚約者がフィリピンで戦死し、悲しみをずっと抱えて生きてきた日本人女性の証言にとても共感したと話してくれました。

これは、ビデオ・メッセージ・プロジェクトを始めたきっかけが、夫を殺されたバーバラさんとの出会いだったので、日本にも同じような立場の女性がいるのではないかと思っていた矢先に出会った八〇代の方の証言です。この女性は、玉砕地となったレイテ島カンギポット山で婚約者を亡くしました。

戦後待てど暮らせど婚約者が帰国しないので戦友らに問いつめたところ、「致命傷を負ったので、兵隊二人をつけて洞窟においてきた」と、聞かされたそうです。おいてきた負い目があるからか、何度聞いてもそれ以上のことは教えてもらえませんでした。ならばと、洞窟を探しに八回もフィリピンへ渡ったと言います。いまだにどこで亡くなったのかがわからないと嘆くこの女性は、「待ってたのに……」と嗚咽すると、ほそい身体を小刻みにゆらして涙を流しました。

戦後、親のすすめで一度は結婚したものの、娘を出産した半年後には離婚したということの方の人生を伝えると、

「彼女と同じように、私もいまなお情報を求め続けています。戦争で家族を失う悲しみは、どこの国でも同じですね」

と、エミリオさんは何度もうなずきました。

映像を見てもらった地下の書斎から、風が吹きぬける二階のテラスに場所を移し、エミリオさんの体験を改めて話してほしいとお願いしました。日本兵へのメッセージも撮影したいと伝え、ビデオ・メッセージの返信版の初記録を始めました。

「初めて会ったときみたいに、突然泣きだしたりしないから大丈夫」

エミリオさんはそう笑って前おきしたあと、自分と家族の身に降りかかった出来事を話し始めました。どのように家族が亡くなったのか。従姉妹が赤ん坊をかばおうとした光景。銃剣で子どもを刺す日本兵の姿まで覚えていました。

生き残った母親は、毎晩泣いていたそうです。

「母は日本製品を絶対に買わなかった。もし母が生きていたら、あなたたちと会うことも決して許してはくれなかったでしょう」

気づけばあっという間に一時間以上がたっていました。不躾かとは思いましたが、

五年前に比べると落ち着いて話してもらえたわけをたずねてみました。

「あなたたち日本の大学生が訪問してくれたあとも、私はあの戦争がなんであったかをずっと考え続けていました。考えることで、向き合うことで、私は少しずつ悲しみから解き放たれてきたのでしょう。時が痛みを和らげてくれるんですね。私は過去を受け容れました。未来に向かって歩き始めないといけませんから」

「戦争では、誰もが犠牲者になる。勝者はいない。戦争には勝つかもしれないが、なにかを失っている。日本兵だって望んできたわけではないですよね。彼らは強いられてフィリピンにやってきた。もし、立場が逆だったら、私だって彼らと同じことをしていたかもしれません」

そして、ビデオ・メッセージに出てきた元日本兵一人一人の名前を読みあげ、「私はもうあなたたちを赦している。新しい関係を共に築いていきましょう」としめくくってくれました。

撮影のあとは、近くのレストランでおいしいフィリピン料理をご馳走になりました。ご飯におかずというスタイルのフィリピン料理は、日本人の口にあいます。数種類の野菜と鶏肉を一緒に煮たものや魚介スープなど、どれも辛くなく食べやすい味つけです。テーブルいっぱいにならべられた料理を心ゆくまで頂き、エミリオさんと再会できた喜びと初めての上映を無事に終えられた安堵感にひたりました。

戦時中の新聞をくいいるように見るエミリオさん。2005年

私があきらめずに思いを実行にうつせたのは、エミリオさんのような戦争被害者との出会いがあったからでした。そのエミリオさんに受けいれてもらえたことで、「自己満足ではないだろうか」、「こんなことをして、一体なにになるというのだろうか」といった気がかりが消えていくのを感じました。

その日の晩から大学時代にお世話になったNGOの施設に泊まることになっていたので、エミリオさんとは別れがたかったですが、先を急ぎました。

そこでは南国特有の色あざやかな虫や、見たこともない大きな蜘蛛が、早々にお出迎えしてくれました。虫の苦手な私には「快適なホテル」とまではいきませんでしたが、NGOスタッフたちと寝食を共にし、語らい、かけがえのない時間を過ごせるよさがあります。懐かしい顔ぶれとの再会を喜び、楽しい数日間を過ごしました。

二回目の上映は、施設の隣に住むレジーナさんの家で予定されていました。大学時代の私を覚えていた彼女は、大歓待してくれました。テーブルには大皿に盛られた伝統的なフィリピン料理の数々が並び、バナナやマンゴーなどの南国フルーツがところ狭しとテーブルにセッティングされていました。

NGOのスタッフも集まり、総勢一〇人ほどでにぎやかな夕飯となりました。甘いココナッツ味が頬をゆるませるおいしいデザートを食べたあと、上映にうつりました。家庭用の小さなテレビでの上映です。

戦後間もなく病死したレジーナさんの父親は、日本軍と戦ったゲリラでした。当時の様子を描いた絵日記をのこしていました。日本兵に見つからぬよう、草むらに隠れていたときの緊迫した様子もありました。つりあがった細い目をしたおそろしい形相の日本兵の描き方から、地元の人たちが日本軍をどんなふうに見ていたかは一目瞭然です。

その日記を小さい頃から大切にし、たびたびながめてきたであろうレジーナさんは、上映中に「まぁ……」と声にならないため息をたびたびもらしていました。

ビデオを見終えると開口一番、彼女は自分に言い聞かせるように、こう言いました。

「彼らの中には、来たくてフィリピンへ来たわけではない人もいたのよ。映像の中でも、そう言っている人がいたわ」

それに対して、二〇代のNGOスタッフたちも、口々に「そうだね」と同意します。

「でも、残虐行為について、誰も告白しなかったことが残念ね。彼らもそのときを思い起こすのがつらいのでしょう。きっとトラウマになっているのね……」

そう言って複雑な表情を見せました。

確かに私自身、気にかかっていることではありました。行きたくて戦地へ行ったわけではないと自分の立場を擁護することはあっても、「私はこのような罪を犯しました」と明言する人はほとんどいませんでした。フィリピンで起こったと言われる事件について私がたずねると、

「そのようなことがあったのはきいたことはあるけれど、私は関わっていません」と、他の人がやったことのように話し、自分の関与を認めませんでした。私は、元日本兵を追及するためにこのプロジェクトを始めたわけではないので、そのまま受けとめるようにしてきました。ありのままをフィリピン人にも見てもらうのが、偽りのない形だと思ったからです。罪を認める元日本兵が少なかった事実もその場で説明し、彼らの立場や思いを皆で話し合いました。

一時間ほど意見交換をしましたが、元日本兵の胸の内を知る機会などなかった彼らにとって、映像とはいえ、戦後初めて見る元日本兵は、どこにでもいそうな普通のおじいさん、という印象をもったようでした。

「なんとなく、うちのじいちゃんにも似てる気がする」という発言があり、「元日本兵だったときの顔つきとは、ずいぶん違うのでしょうね」と、レジーナさんも父親の絵日記に描かれていた兵士の顔を見つめていました。

活動のきっかけとなったバーバラさんとの再会

旅も半ばにさしかかった一〇月一七日、バーバラ・ベダッドさんに会いに行きました。初めてお会いしてから手紙のやりとりをつづけていたので、生活の様子は伝わってきていました。きれいに整えられた玄関先の花々が、あたたかく歓迎してくれるようでした。チャイムを鳴らすと、丸顔の娘さんが、笑顔であらわれました。

一階の応接室に通され、バーバラさんが二階の部屋からおりて来るのを待ちました。五分ほど待っていると、娘さんが神妙な面持ちでおりてきました。バーバラさんの体調があまりよくないので、二階の寝室にあがってほしいと言われました。

ベッドから起きあがって座っていたのは、長い間、私が再会を願っていたバーバラさんでした。もともと線の細い女性でしたが、ますます小柄になったように見えました。

私は、エミリオさんのときと同じように、初めてフィリピンを訪問したときに受けた衝撃、それから日本人としてなにができるかを考えたこと、そして今回の再訪目的を伝えました。

まず口を開いたのは娘さんでした。バーバラさんは、英語を耳で聞いて理解することはできても、話すことはできません。

「それは素晴らしいことね。うちの母親の話を聞いて、なにかを行動しようと思ったなんて」

そう言って、目を輝かせました。映像の上映にうつりました。英語の字幕を、時おり娘さんが訳していました。バーバラさんは、まばたき一つせずに元日本兵を見つめていました。

バーバラさんは一九二〇年一二月生まれで、私が最初に出会ったときは八〇歳でした。今回、再会したときは、八五歳になっていました。

五歳年上の人と結婚し、二三歳のときに娘さんが生まれました。その翌年に夫がゲリラのスパイと間違われ、連行されてしまいました。市長に依頼して連れ戻すよう働きかけるなど、さまざまな手を尽くしたそうですが、二度とバーバラさんのもとに帰ってくることはありませんでした。

幼子一人を抱えたバーバラさんの生活は、一変したと言います。相手は裕福な家の出でしたが、バーバラさんとはかかわりを避けるようになり、なんの援助もしてもらえなかったそうです。

上映が終わると、娘さんがすかさず話し始めました。

「昨日も母と、父が生きていたら、どんな生活だっただろうかと話したばかりだったんですよ。私の両親は幸せの絶頂だったんです。そこに日本軍が進攻してきて、父を奪い去ってしまいました。あなたたちが訪問して、聞いてくれるから話しますが、私たちの暮らしは一気に苦しくなりましたよ。親族の助けも得られず、母は働きに出るようになりました。私も学校に行けず、病気がちな子でしたけど、朝から晩まで働きました。そういう経済的な苦労が、一番辛かった」

そう言うと、娘さんはかけていた眼鏡をはずし、にぎりしめていたタオルで涙をぬぐいました。その後、貧しかった暮らしを、自分の夫が救ってくれたのだと話しました。生活苦による暗い過去が一気に噴出してしまいそうな雰囲気だったので、バーバラさんに質問を向けることにしました。

日本人になにをしてほしいですか、と率直に聞いてみました。

予想していたことではありましたが、「金銭的なサポートをしてほしい」というのが彼女の答えでした。持病をわずらい、一日に何種類もの薬を飲まないといけないとぼやきながら、たくさんの薬が入った袋を見せてくれました。

「夫が生きていれば、こんなに生活は苦しくならずにすんだ」

娘さんも、「薬代だけでも誰かが援助してくれたら、気持ちが晴れるのかもしれない」と母親につづきました。私たちには金銭的な約束はなにもできないので、バーバラさんの要求をどう受けとめたらよいものか答えにくるしみました。日本から持っていったお土産を渡して、あと味の悪い思いでバーバラさんの家をあとにしました。

もともと、ビデオ・メッセージを届けることでなにかが解決するという期待を持っていたわけではありませんでしたが、一番届けたいと思っていたバーバラさんから金銭的な話が出たことに、私は動揺しました。

ビデオ・メッセージの上映を続ける中で、その後もバーバラさんと同じようにお金の要求をされることが何度かあり、そのつど複雑な心境になりました。しかしその一方で、日本政府を代表するわけではない私たちができることはなんなのかが明確になっていくきっかけであったようにも感じています。失った人が戻ってこない以上、次に求めざるをえないのは金銭的なことでしょう。そんな被害者の心境にも、寄り添っていきたいと思うようになっていきました。

ビデオ・メッセージへの評価

バーバラさんを訪ねたその日は、宿泊していたNGOを去る日でもありました。お世話になったたくさんの人が別れを告げに来てくれ、最後の時間を共に過ごしました。改めて、たくさんの人からビデオ・メッセージの感想を聞く機会にもなりました。

「あなたはものすごい仕事をしている。神様から与えられた仕事だね」

と、熱心なキリスト教徒である彼らは、私が始めたプロジェクトを心から祝福してくれました。

「いまも悔やんでいるという元日本兵がいるなんて、本当にびっくりした。日本はフィリピンと違って経済大国になったから、戦争のことなんてどうせ忘れていると思っていたよ」

「日本にも戦争未亡人がいたんだね。被害を受けたのはフィリピン人だから、私たちの国ばかり不幸な目にあったと思っていたけど、同じような境遇の人が日本にもいるなんて驚いた。ビデオに映った彼女は、日本人ではなくフィリピン人女性かと思ったくらい。みな戦争で苦しんだのは同じだったんだね」

自国の視点のみで見ていると、当然のことながら他国の被害に目が向くことはありません。相手の立場を知ることで、見えてくるものがあることを感じました。この点においても、ビデオ・メッセージを持参してよかったと思いました。

NGO代表のゴンザレスさんにも、

「とても素晴らしいプロジェクトだよ。ぜひ毎年、フィリピン人に見せに来てほしい」

と、別れ際に声をかけられ、驚きました。

二〇〇〇年に初めて出会った戦争被害者の声が忘れられず、「ひとまずビデオ・

ネグロス島のNGOの会議室での上映会。2005年

メッセージを持って行き、話を聞かせてくれたお返しがしたい」。そう思っての再訪だったので、このプロジェクトを継続し、翌年以降もビデオ・メッセージを持参するなんてことは考えていませんでした。とにかくビデオ・メッセージを届けることがゴールだった私に、次の道筋が与えられたようでした。

虐殺で祖父を亡くしたチトさん

ネグロス島で懐かしい人たちと再会を果たした後、再び首都マニラのあるルソン島に戻りました。マニラでの滞在先は、西島さんが紹介してくれたスペイン系フィリピン人のチト・エネロッソさんの家です。

紹介とはいえ、面識のない方なので緊張はありましたが、一目見て不安はふき飛びました。スペインと中国の血が入っているというチトさんは整った顔立ちで、対応もとてもスマートなジェントルマンでした。自宅も、マニラの一等地であるマカティに一軒家を構え、私たちが宿泊するには十分過ぎるほどでした。

七〇代のメイドさんが作った家庭料理を食べたあと、家族のことや戦争について思うことなどを深夜まで話しました。一九五九年生まれの戦後世代であるチトさんも、二、三年前から戦時中におじいさまの身に起こったことを調べ始めたと言います。

チトさんの祖父、ホセ・エネロッソさんは、一九四五年二月二八日にバタンガス州バウアンで起きた爆破事件の犠牲者です。チトさん自身は生まれも育ちもマニラですが、クリスマスなどで家族や親戚がバウアンに集まると、必ず戦争のことが話題にあがることを物心ついた頃からずっと不思議に思っていたそうです。

西島さんと知り合うきっかけとなったトラウマ・ヒーリングのワークショップに参加し、戦争で祖父を亡くしたことが、家族にどのような影響をもたらしているかを深く考えたと言います。フィリピンでは、家族に戦争犠牲者がいる人のアルコール依存率が高いという調査結果が出ているそうです。チトさんは家族が受けた被害ときちんと向き合わなければならないとの思いに至り、二〇〇五年二月からおじいさまが亡くなったバウアンにて追悼イベントを親戚と開催するようになりました。

以下はチトさんの従姉妹のパトリシアさんが書いた、追悼イベントの趣意書の一部です。

子供のころ、親族が集まると必ずと言っていいほど、第二次大戦中のときのことが話題になりました。つい昨日のことのように語られる悲劇。生き残った人々は、あの日命を失い、姿を消した愛する人々について熱く語りました。私の祖父ホセ・エネロッソも一九四五年二月二八日、日本軍による爆破事件で殺

爆破事件の犠牲になったチトさんの祖父、ホセ・エネロッソさん

された何百人もの人々の中の一人でした。

当初は道路脇でしかなかった埋葬場所も、現在は周囲の土地がどんどん区分され、侵食されつつあります。土地の所有者が知らずに、あの悲劇の日の何百人、または何千人という犠牲者が眠る土地に手をつけてしまう可能性も出てきました。残念なことに、死者を記憶し追悼する日である一一月一日に、共同埋葬場所に灯されるろうそくの数も、年々少なくなってきています。次の世代は忘れつつあるのでしょうか。

（中略）

六〇年の節目の年ということで、チトさんもいろいろな活動を新たにスタートさせていました。この縁がきっかけで、ＢＦＰとしてもその後バタンガス州を毎年のように訪問するようになりました。

翌朝、朝食を食べていると、八七歳になるチトさんの母親が目覚めたようでした。痴呆症になり、寝たきりとなった彼女の耳元で「日本人の友だちが来ているよ」とチトさんが語りかけました。すると、「日本兵が町のそこら中に散らばっている」と言って、怯えた表情を見せ始めました。ほとんど過去の記憶はなく、話すことすらままならなかった彼女の様子の変化に、普段一緒にいるチトさんも目を丸くしていました。

戦争の記憶は心の奥深いところに残るということを改めて感じました。高齢による記憶障害になる前に、多くの人がきちんと戦争と向き合うきっかけを得られたらいいのにと思わずにはいられませんでした。

山岳地帯で聞いた戦争体験

マニラから車で四時間ほど北へ行ったところに、サンイシロという山岳地帯があります。フィリピン滞在の最後は、そこで過ごそうと決めていました。この地域は、少数民族が住んでいるため差別を受けており、開発から取り残され、電気も水道も引かれていませんでした。村へ通じる道も舗装されておらず、ぬかるんだ山道ではタイヤがとられ、車を皆で押さねばならないことがあるほど辿りつくのも大変な場所です。

あえてこの地域をたずねたのは、二〇〇〇年に日本兵の飯盒と銃剣を保管していたおじいさんと出会ったからです。どのような状態でそれらを見つけたのか、改めて詳しく話を聞きたいと思っていました。元日本兵の話に耳を傾けるうち、フィリピンで命を落とした彼らの無念さを少しは想像できるようになっていた私は、当時の状況をより具体的に知りたいと思うようになっていたのです。

観光客が気軽に立ち入ることのできないこの地域に入るのに、一九九九年より教育事業をおこなっていた認定NPO法人アイキャンの協力をあおぎました。

アイキャンのスタッフの案内で五年ぶりに訪ねましたが、ほとんど変わったところはなく、すぐにホームステイ先の家もわかりました。懐かしい家族との再会を果たしたあと、訪問目的であったおじいさんの家へ向かいました。しかし、日本兵の遺品を保管していたその方は、数年前に他界していました。残された家族にたずねると、「父親からその話はあまり聞いていなかった」と素っ気なく、大切に保管されていた飯盒と銃剣も、訪ねてきた欧米人に売ってしまったと言われました。

仕方がないので、気持ちを切り替えて戦争体験者の村人を取材することにしました。活動当初からホームページやパンフレットなどでBFPのイメージ画像として使っている男女の写真も、このときに撮影したものです。

この夫妻は、七一歳の夫ティナン・サン・ホセさんと同い年の妻ルショオさんです。電気の通っていない村なので、ビデオ・メッセージは持参したビデオカメラの小さなモニターで見てもらいました。一〇センチ四方の小さな画面なので見づらかったと思いますが、食い入るような眼差しで見てくれたのが印象的でした。

「戦争中はいつも走って、逃げて、隠れていたのを覚えています」

上映が終わると、妻のルショオさんが切り出しました。洗濯をしているときに日

ビデオ・メッセージを見るティナン・サン・ホセさんと妻のルショオさん。2005年

本兵が急にあらわれ、「殺される」と夢中で逃げたこともあったそうです。食事の用意さえままならず、煙が出ると日本兵に居場所がばれてしまうので、調理は夜おこなうのが常だったと言います。食糧が不足し、ひもじい思いをしていた上に、とっておいた食べ物を日本兵に取られたこともあったと言います。

過酷な逃避行の中、父親が交通事故で亡くなりました。日本兵から無我夢中で逃げ切った直後、父親がいないと気付いて来た道を戻ってみると、無残な姿で息を引き取ろうとしている父親を見つけました。戦時中はなんとか生き抜いた母親も戦後すぐに亡くなってしまったと、うつむき加減で話すルショオさんの目は、いつしか充血していました。

精神的に追い詰められる毎日を過ごしていたルショオさんですが、最も恐れていたことは、日本兵にレイプされることだったと言います。独身女性とわかると連行されることがつねだったので、日本兵に見つかったときは子供を抱え、結婚していると思わせることでなんとか免れたそうです。

「抵抗はできない。拒否すれば銃剣で殺されます。男性も連行されていく女性を助けることはできないのです。助けることは死を意味しましたから」

日本兵が人肉を食べる場面にも遭遇したというルショオさん。彼女は、フィリピン人女性の足を日本兵が食べているところを、木陰から目撃してしまいました。

話の途中でだまってしまったルショオさん

「思い出してしまった。本当にひどかった。二度と若い人に同じことを経験してほしくない」

そう言うと、うつろな目で遠くを見つめ、彼女が再び口を開くことはありませんでした。

確かに、人肉食の話はその後の取材で、複数の元日本兵が口にした話でもありました。自分が食べた話ではなく、「戦友が食べているのを見た」、「肉の匂いがするので行ってみると、人肉を調理していたようだったけど自分は食べなかった」という表現がほとんどでしたが、確実にこのようなことがあったのだと私が確信を得るのには十分な証言でした。信じたくないことではありますが、フィリピン人そして元日本兵の双方から同じような証言が出たということは、これが戦場の現実であるということを、私たち戦後世代は受けとめなければなりません。

続いて話し始めた夫のティナンさんからも、生々しい逃避行の様子が語られました。ゲリラだった父親と一緒に、二カ月弱、ゲリラ仲間を含む二五人くらいで行動を共にしていました。途中で日本兵に殺されたり、逃げ遅れてしまったり、餓死してしまった人もいたとのことで、本当に命がけだったことがわかりました。

元日本兵から、「ゲリラか一般人かまったく区別がつかなかった」という話をよく聞きます。実際、ティナンさんのように、ゲリラと一緒に行動していた一般人も多かったのだと思います。また、彼のように父親がゲリラの場合、子どもであっても共に攻撃に出ることがあったのかもしれません。

フィリピンの方からは、

「明らかに子どもとわかるような人も無差別に殺した日本兵はひどい！」

とよく指摘を受けましたが、元日本兵からは、

「子どもが手招きするから行ってみると、急にその後ろから銃で撃ってきた。だから油断はできなかった」

と語られたこともありました。いつ自分が殺されるかわからない戦場で、冷静な判断は難しかったのではないかと考えさせられます。これが戦場の実態なのではないでしょうか。父親と最後まで一緒に逃げていたティナンさんは、無事生き延びることができました。

「子どもたちには同じことを体験させたくない。日本兵たちも後悔しているに違いない」

そう言うと、黙りこくっている妻を気遣うように、視線を向けました。

通訳の方にあとで聞いた話によると、

「日本人を前にして話すのは残酷すぎて、すべては話せない」

と語っていたそうです。思い出したくもないつらい記憶の断片を、日本人である私

たちに話してくれたことは、本当に有難く貴重なことでした。

二度目のフィリピン訪問を終えて

お世話になった方々を再訪しながら、各地でビデオ・メッセージを上映し、無事に最終日を迎えることができました。一カ月は随分長い旅になりそうだと思っていましたが、終わってみればあっという間でした。準備に十分な時間があったとは言えませんが、上映してみて、自分がやろうと思ったことが間違いではなかったと実感することができました。たくさんの励ましが、なによりの収穫でした。

フィリピンへ行く前は、なにかお返しがしたいと思い、今回限りのつもりでビデオ・メッセージを持参しました。しかし、「毎年でもビデオ・メッセージを持ってきてほしい」と言ってもらったことや、「元日本兵の今の気持ちを初めて知った。彼らがなにを考えているか興味があるので、もっと知りたい」と言われた言葉が、頭の中をこだましていました。

初めてフィリピンを訪れてから五年もの月日が経っていましたが、私のことをよく覚えていてくれました。再会を喜び、旅の目的を話すと、フィリピンの友人たちは喜んで受けいれてくれました。

「六〇年経っても、元日本兵もいまでも苦しんでいる。日本は金持ちの国になり、

大学時代に会ったときの私たちの写真を大切に保管してくれていた退役軍人（右）

戦争やフィリピンのことなんて忘れていると思っていたのでびっくりした」

「彼らが口を開いてくれたことに感謝したい」

「彼らも犠牲者だったんだ。為政者に言われるままに戦地に赴いた。本では読んでいたけれど、実際に聞けてよかった」

「私たちはクリスチャンだからもう彼らを赦している。元日本兵にも、ぜひ一度フィリピンに足を運んでほしいです」

たいていの方は好意的に捉えてくれました。当然のことながら、これですべてが変わると考えていたわけではありませんが、フィリピンでの上映を通じてほんの小さな懸け橋になれたらいい、と夢中で伝え続けました。そしてその結果、支援者がたくさんできました。

「もっと日本兵の証言を聞きたい。そしてもっともっとたくさんのフィリピン人に聞いてもらいたい」

「上映会の手伝いもするよ。フィリピン語に訳す手伝いをしてもいいよ」

「テレビ番組で放映してもらえないか交渉してみようか」

など、思いがけない申し出もありました。予想以上の反響をもらったことで、ビデオ・メッセージを届けて今回限りにしようと思っていたはずなのに、帰る頃にはこれがまだスタート地点で、ここからなにかが始まるような感覚を抱くようになって

懸け橋になればと活動趣旨を説明する著者。2005年

いました。

フィリピンを再訪したことで、フィリピン人とどんな関係を築いていきたいのかが見えてきました。過去や歴史を知らずして、真の友人にはなれないでしょう。かといって、出てくる要求をうのみにしてばかりでは、良好な関係は築けないような気もします。アジア各国と日本がどのような関係を築いていくのか、そして、そのためにはなにが必要なのか、深く考えさせられる旅となりました。

フィリピンでは毎日のように戦争と向き合い、話があまりに残酷すぎて、正直言ってつらいこともたくさんありました。それでも、フィリピン人の明るさと笑顔に支えられ、本当に「来てよかった!」と思わず笑みがこぼれるほど、充実した日々でした。

私にとっての「激動の戦後六〇年」が終わりました

私は、戦後六〇年という節目を、よいタイミングで迎えられました。学生時代にフィリピンへ行き、その後社会人としての経験をつみ、節目になる年にビデオ・メッセージを持っていくことができました。世代から言えば、戦争体験世代の孫世代ということもあり、感情的になり過ぎず、ある程度客観的に話を受けとめることができたようにも思います。物事に対する分別がついてくると思われる二〇代後半という年齢で、このプロジェクトを始められたこともよかったのでしょう。

証言を集める中で、「今だからできるのかもしれない」という言葉を複数の人からかけられました。特に、研究者として過去の掘り起こしをしてきた人にとっては、「あまり語らない元日本兵」という姿が焼きついているようで、「戦後六〇年という月日が流れた今だからこそ、口を開くことができるようになったのだろう」と何度も言われました。そういう意味で、私は幸運だったと思います。

戦後六〇年という年を、元日本兵がどのように捉えていたのか、詩人の井上俊夫(本名中村俊夫)さんの「ああ、戦後六十年」と題した詩からも考えてみたいと思います。井上さんは、一九四二年に徴兵され、中国で飛行師団の気象部隊に所属されていた方です。戦後、中国の捕虜収容所で一年間を過ごし、復員後はさまざまな詩を発表し、農民詩人と評されていました。

私は、インターネットで公開されていたこの詩を初めて目にしたとき、とても感動しました。戦中派がどのような思いで社会を見ているか、心に留めておきたいと思いました。

当時、紹介するあてはありませんでしたが、私は井上さんに直接連絡を取り、この詩の転載許可を得ています。井上さんは、二〇〇八年一〇月一六日に肺炎のため八六歳で逝去されましたが、追悼の意を込めて、そして二〇〇五年に一人の元日本兵がなにを感じていたかを一人でも多くの人に届けたく、ここにその一部を転載します。

ああ、戦後六十年　　　　井上俊夫

六十年。ああ、戦後六十年。
支那派遣の日本軍兵士だった俺たちが
九死に一生を得て内地へ帰還してきてから
早くも六十年にもなるのか。

中国軍が発射する機関銃弾や迫撃砲弾
あるいは在華アメリカ空軍の戦闘機が
空から狙い撃ちしてくる機関砲弾の餌食となって
二十や三十代の若い身空で
斃されてしまった哀れな戦友たち。

だが幸いにして俺たちは
戦後六十年という長い歳月を
辛うじて生き長らえることができた。
その俺たちも今やどこからともなく飛来してくる
「無常の風」という一発必中の弾丸を受けては
次々と斃れて行く。
あと何年か後に俺たち従軍体験者が
ことごとく死に絶えた時、
十五年も続いた日中戦争もアジア・太平洋戦争も
完全に終結するのだ。

俺たちがまざまざと記憶している惨憺たる戦場の光景。
たとえば戦死した戦友を荼毘に付した時に
空しくたなびいた煙の色と肉が焼ける臭い。
路上に放置された幾体もの無惨な中国兵の屍に
此所を先途と食らいついていた夥しいウジ虫の群れ。

疲弊し荒廃したいくつもの村落を軍靴の音も高く
通過して行く俺たち完全武装の一団に
畏怖と卑屈と怨嗟と侮蔑と虚無の念が
複雑に混ざり合った視線を投げつけていた
みすぼらしげな中国人の老若男女たち。

肩に食い込む重い背嚢を何度も揺すり上げては
天皇陛下ご下賜の三八式歩兵銃を
後生大事に抱きながら
行軍につぐ行軍に明け暮れた日々。
小休止の際戦友と共に吸った煙草の旨かったこと。
ああ、戦場の思い出はつきることがない。
だが俺たちの死とともに俺たちの脳髄に深く刻まれた
生々しい戦場の記憶も一枚の白いペーパーを焼くように
あっけなく掻き消されていくのだ

ああ、戦後六十年。

思えば長く続いた平和だった。
明治以来の日本にこんなに長く続いた平和はなかった。
この平和があればこそ
俺たち老兵もなんとかここまで来られたのだ。
だがこの平和は決していい平和ではなかった。
一九五一年日米間に締結された安保条約の
金縛りにあったままの平和だった。
沖縄を筆頭に全国各地には半永久的に
居座りを決め込んだアメリカ軍の基地が存在し、
ここから海兵隊が自由自在に
世界各地の戦場に出撃しているではないか。
戦後の日本を牛耳ってきた保守政権は
ひたすらアメリカに追随するばかりで
憲法無視の軍備拡張を重ねて
いつしか世界有数の軍事大国になってしまっている
そしてついに自衛隊が日の丸の旗をひらめかして
イラクの戦場に出て行くまでになった。

国内では弱肉強食の市場原理がまかり通り
弱者や貧者は容赦なく斬り捨てられる世の中となり
治安は日に日に悪化し犯罪が多発している。
懐かしい昔ながらの鄙びた村落風景は
ほとんど滅びてしまった。
だが、どんなに「悪い平和」でも
またぞろ政府が唱えるに違いない
「善い戦争」や「国際貢献のための戦争」より
はるかに良いのだ。

(中略)
若い人たちよ。
肩で風を切っていつも俺たち老兵を
スイスイと追い抜いて行く人たちよ。
君たちはまた昔の俺たちのように
軍服に身をかため小銃をひっさげて

野牛のように異国に乗り込んで行っては
人を殺したり殺されたりしたいと考えているのか。
それとも六十年続いたこの平和を
なにがなんでもさらに五十年百年と伸ばして
素晴らしい国造りをするつもりなのか。

これから先は賢明な君たちの曇りのない眼で
しっかと政府や政治家の動きを見張ってくれたまえ。
国家といえども
とんでもない間違いをしでかす時があるのだ。
三百十万もの人間が死なねばならなかった
かのアジア・太平洋戦争を遂行した
往年の愚かな政府と軍部。
そして唯々諾々として
戦争に協力してしまった俺たち民衆。
あの時俺たちはなぜ国家の大いなる誤りを
見破り抵抗することができなかったのか。

ああ、戦後六十年にして
ただただ苦々しく暗い悔恨の想いが
俺たち老兵の胸を突き上げてくる。

若い人たちよ。
しっかりと日本の近現代史を学んでいる
頼もしい人たちよ
小泉政権を信じるなかれ
眼を大きく見開いて政府のやることを監視しよう
憲法九条を俺たち老兵とともに
死守しようではないか。

井上さんが、「若い人」に懸命に呼びかけている様子が、伝わってきます。いみじくも井上さんがこの詩を書いた二〇〇五年に、私はブログの冒頭で次のように書いていています。前にも書きましたが、ここでもう一度書いておきたいと思います。

戦後六〇年。
私は二〇代ですが、戦争を体験した世代がいなくなってしまったら、語り継いでいくのは「戦争を知らない私たち」という意識があります。だからこそ、いろいろと知る必要があると思い始めました。

五年前の二〇〇〇年二月、私はフィリピンに行き、未だ戦争の傷が癒されない人々の苦しみをぶつけられました。夫を亡くした女性は、「日本人なんか見たくなかったのに何であんたはフィリピンに来たんだい！」と泣きじゃくりました。六〇代の男性は、「自分の親戚、全員殺された。父親は自分の目の前で日本兵の銃剣によって突き殺された」と、静かに涙を流しながら、震えていました。

なぜ、このような事が起こってしまったのか、私は日本人として知る必要があると思っています。また、私は色々と資料や書籍を見る中で、軍人としての自分の行為を悔やんでいる元日本兵がいる、ということを知りました。自分が関った残虐行為を、亡くなる直前まで老人ホームでうわごとのように嘆き続けた方もいたと知人から聞きました。

ぶつけるところのない怒りが未だに渦巻いているフィリピンへ、元兵士の思いをビデオ・メッセージとして届けたい、いつしか私はそう思うようになっていました。ビデオ撮影をつづけていく中で、元日本兵にも心の変化が見られるようになってきました。そして、私たち若い世代は、それらの語られた言葉から、多くを学ぶことができます。

フィリピンと日本をむすぶビデオ・メッセージが少しでも人々の心をなぐさめ、平和が広がっていくことを願って活動しています。

4章 ブリッジ・フォー・ピースのコンセプトの成り立ち

ビデオ・メッセージの橋渡しと日本での初上映

帰国後、すぐに職場復帰して日常に戻りましたが、心に火がついていた私はまた動き出しました。次は、取材した元日本兵にフィリピン人の声を届ける、ビデオ・メッセージの橋渡しです。取材した人には、現地からポストカードを送り、スケジュールを報告していました。帰国後すぐに電話をすると、あいさつもなく、「反応どうだった?」と待ちきれぬ様子でたずねてくる人もいました。

ビデオ・メッセージ上映の反応を気にかけていたのは明らかでした。電話では簡単な報告にとどめ、フィリピン人のビデオ・メッセージをたずさえて元日本兵を再訪しました。驚くべき反応がありました。

「この人たちは嘘をついている。赦すというけど、なにをしてきたか自分がよくわかっている。赦せるはずがない」

フィリピン人からのビデオ・メッセージを見てもらうと、開口一番そう言うのです。

　確かに、「赦せない」と思っているフィリピン人は多くいることでしょう。誘っても上映会場に足を運ばなかった人もいたと聞いています。しかし、私が話を聞いたフィリピン人の中で、「赦す」という言葉を使ったのは、一人や二人ではありませんでした。皆さん、心からそう伝えてほしいと言っていました。嘘をついているとは思えません。

　信仰の中心に「罪の赦し」をおくキリスト教徒が九〇パーセントの国だと言い添えても、信じてはもらえませんでした。そこからも、元日本兵がやってしまったことの罪深さをうかがい知ることができます。

「自分の家族に同じことをされたら、私は絶対に赦せない」

と、フィリピン人の言葉を最後まで信じない元曹長がいました。九〇代の元将校は、見ていただいたときは多くを語りませんでしたが、後日届いた手紙に次のように書いていました。

　「今更のようにフィリピンや中国への大罪の思いを新たにしました。国土を戦場とし、数十万の国民を死に至らしめた罪への償いは永遠です」

　そんな矢先、「初の訃報」が届きました。二〇〇六年六月七日、代田銀太郎さんが肺炎のため死去しました。年齢を考えれば起こりうることでしたが、私には現実

フィリピンから持ち帰ったビデオ・メッセージを見る元日本兵

として受けいれる準備ができていませんでした。大切にしまってあった取材テープをだし、映像を見ながら取材当日をふり返りました。

ネクタイを締めて玄関先でわざわざ待っていたお姿。戦犯だったためか慎重な言葉づかい。それにときおり見せる鋭い表情……。そんな代田さんの姿が次々に思い出されました。

見ず知らずの私に思いのたけを語ってくださったことに、改めて感謝の念がこみあげてきました。悲しみの中、記録することへの自覚を新たにしました。

ビデオ・メッセージの橋渡しに加え、日本での初上映の準備にも取りかかりました。フェリス女学院大学の横山正樹先生のご好意により、帰国直後に同校の学園祭で写真展示とビデオ・メッセージ上映の機会をあたえていただきました。

会場では多くの人が足をとめ、関心を示してくれました。真剣なまなざしで展示を見ていた若い男性に声をかけると、

「自分のおじいちゃんも戦争に行ってたんですよね」

と教えてくれました。彼は直接話をきく機会に恵まれたことで、語り継いでいく必要性を痛感しているとのことでした。日本人離れした顔だちの女の子に話しかけると、フィリピン人とアメリカ人のハーフでした。高校生の彼女は、ビデオ・メッセージを見て「とても感動しました!」と興奮した様子で感想を述べ、「大学生にな

日本で初のビデオ・メッセージ上映会。フェリス女学院大学の学園祭にて

ったら、なにか自分でも行動してみたい」と意思表明までしてくれました。

入れかわり立ちかわり多くの学生が足をとめてくれるのを見て、「戦後世代も機会さえあれば、戦争のことに関心をもってくれる」と実感しました。その後すこしずつ依頼がはいるようになった学校での上映終了後には、担当教員が驚くほど、学生・生徒は感想や体験をアンケート用紙に書いてくれました。自分の祖父のこと、小さい頃に聞いた戦争の話など、それぞれがさまざまな思いを戦争に対して抱いていました。

「若い人は過去の戦争に興味がない」というのは世間の勝手な思い込みで、戦争についてざっくばらんに話せる「場」がなかっただけではないのか。「場」がなかったから、戦争のことを考えたり、話したり、そして知りたくても「なかなか言い出せない」という悪循環を生み出してしまっていたのではないかとの思いに至りました。当初は、フィリピン人に見てもらおうと思って始めたビデオ・メッセージでしたが、日本国内でも関心を持つ人がいることを実感できました。

その後も「ビデオ・メッセージが見たい」、「もっと知りたい」という人たちとの出会いが続きました。戦争について語れる場が、日本でも求められていたのです。

「多世代」で戦争を語れる場の必要性

多世代で戦争を語れる場について強く意識したのは、二〇〇六年三月二五日に「循環型社会に戦争はいらない」と題して講演会を開催したときのことでした。サブタイトルを「八〇代、五〇代、二〇代が語る戦争体験と戦争観」として、三世代がスピーカー（話者）として参加したこの講演会は、大きな反響を呼びました。浅井久仁臣（現在の夫）と二人で企画したこのイベントには、報道関係者を含めて約一〇〇人もの人が集まりました。多世代で戦争が語られることが少なく、ものめずらしさもあったのかもしれません。

この企画は、八〇代を代表して出演いただいた中谷孝さん（元特務機関員、当時八五歳）との出会いがきっかけで生まれました。友人から紹介された中谷さんは、「悪夢のようなトラウマを、一切を語ることのないまま、多くがこの世を去った」と指摘され、一人でも多くの人が心の内を語ってほしいと願っていました。語ることを戦争体験者に勧める姿に共感し、お会いした直後から文通が始まりました。

＊二〇〇五年一二月一二日に頂いたお手紙

先日は思いがけぬ御縁からお逢いすることができ、本当に有難く存じて居ります。先の短い私にとって、私以外伝える人の居ない戦争の歴史を若い人に残し、日本が

「多世代」で戦争を語る講演会。2006 年

進路を誤らない様、お役に立ちたいと云う気持ちでいっぱいです。

この御縁、無駄にしたくはありません。危ない橋を渡りかけている政府の動きにブレーキを掛ける為に、志有る若い人達、立ってください。その為に私を存分に利用してください。私は幸い健康、体力に〝超〟恵まれています。若い人との行動にも全く不自由致しません。必要あれば何処へでも出向きます。

私にとって人生の最後を飾れたら幸いです。今また戦いたい人が現れています。阻止しなくてはなりません。

＊二〇〇六年一月五日に頂いたお手紙
虐殺のなかった戦争など古今東西ありません。貴女がフィリッピンで見た通りです。紳士が鬼になる。それが戦場です。

少しボケてきましたが、一九三一～一九四五の戦争の記憶は自信があります。記憶に頼っておりますので、誤りが絶対ないとは申せませんが、大筋で自信があります。無能の政治家が近隣国にケンカを売り、軍備が弱ければ殺されるとさわいでいます。軍備で国を守れる時代ではないのに。

私が今願っているのは、平和に目覚めた新しい世界秩序です。夢を持ちましょう。若い人のパワーに期待しています。私は人生最終段階に入りました。何か残したいです。利用してください。

このような手紙をいただき、一緒にできることはないかと浅井に相談し、講演会の企画が生まれました。元日本兵の中には、おそらく中谷さんと同じような思いをもつ人もいることでしょう。ただし、中谷さんのように若い友人がいないと、思いを次世代に伝えるのは難しいことなのかもしれません。

「どうして戦争世代は声をあげてくれないのか」という声を耳にすることがありますが、戦後世代が真剣に知ろうという気持ちでアンテナを張っていないと、彼らの声は聞こえてこないのではないかと思うようになりました。戦争世代は、自分史や自費出版の書物などで、大いに声をあげていたのでした。積極的に手にしてこなかったのは、むしろ戦後世代の自分だったと気づき、はっとしました。戦争体験者の切実な思いから、私たちは多くを学ぶことができるのです。

＊以下、中谷さんの手紙に同封されていた原稿からの抜粋です。
●私が参加した作戦で発生した少数の捕虜は全て、兵士の度胸をつける材料として処分された。この様なことを話すと自虐史観と言われるが、黒を白と言いくるめて何の解決になると言うのか。事実を伝えてなかったら相手の反感を増すだけである。加害の事実を糊塗して友好関係が得られようか。被害者は忘れ

講演後に質問攻めにあう中谷孝さん

てはいない。

●敗戦後六〇余年、「喉もと過ぎて熱さを忘れ」戦場を知らない指導者が憲法を改変し、日本を戦争のできる国にしようと企んでいる。正に亡国の危機である。狭い日本の国土が軍備で守れると考えること自体狂っている。日本は憲法九条のもと、戦わない勇気を持つことによってのみ護（まも）られる。「核の傘」などという迷妄は捨てなければならない。

最近私は八六才になった。老人の妄言と笑われるのを覚悟の上、何も語らずに消えていった戦友の分まで、戦争の真の姿を語るこの頃である。

●今となっては動機が侵略戦争であったあの戦争も、当時戦った兵士達にとっては祖国の存亡を賭けるものであったことを次代の人たちに知ってほしい。平和の有難さを知って六〇年、あの時代を繰り返してはならぬと叫びながら、軍歌にあの時代を懐かしむのも老人ならではと思う。勿論、過去の戦争を賛美する気持ちなど毛頭ない。深い感傷だけである。

●あんなに深刻な体験をなぜ口にしなかったのか。今想うと皆トラウマに取り憑かれていたのだ。復員兵の話は、手柄話か楽しい思い出話がほとんどである。私自身、九死に一生を得た話はしたが残虐な現場を話したことはなかった。

八〇歳まで忙しく会社勤めをしていた私は退職して本を読むようになり、気になったのはあの戦争の話を戦争を体験しない人が自己流の解釈に添うようにつくられた読み物である。日本の満州侵略の事実は伏せて、A級戦犯も日本の功労者であるとして日本には国家としての戦争責任はない故、日本人はもっと誇りをもつべしというような記述も見られる。このような異常な日本の戦争史観が広まることは日本の孤立化をも招きかねない。その責任の一端は、戦場の真実を語らなかった私たちにある。今こそトラウマを脱して、語りたくない六〇余年昔の真実を語ろう。

講演会の成功にも背中を押され、その年の夏には、多世代で語れる場を作ろうと「八月ぐらい戦争カタレ場」というイベントを開催しました。呼びかけ文は以下の内容でした。

「今どきの若いモンは」なんて言っているそこのあなた。

「どうせオジサンには言っても分かんないから」と年配者を避けてる君。そ

う言ったまま違った世代が接点を持たなければ、
いつまでたってもお互いに理解し合うことはできません。
戦後六一年目の夏。　多様な世代がそろそろ一緒に、ざっくばらんに語り合える機会を持ちませんか。

広報を始めると、一週間もたたないうちに定員に達しました。「若い世代の感性に惹かれた」と申し込んでくれた戦争世代や、「お母さんと一緒に行きます」と連絡をくれた高校生もいました。最終的に、一〇代から八〇代までの全世代が集う場になりました。異なる世代が集まったからこそ気づくこともあり、話はつきませんでした。参加者からも、「他世代の話を聞き、自分が想像以上になにも知らないいんだということがよくわかった」、「有意義な時間を過ごすことができた。別の視点での話が聞けて興味深かった」と、好評でした。

私自身、日本で上映会を始めてから、どの世代も戦争についての認識をさほど持っていないことに驚かされました。私より上の世代は、戦争についてもっと知っていると思っていたら、四〇代から六〇代の人たちでさえ、「私たちも戦争については、よく知らない」と口をそろえるのです。

「私たちの世代が、一番戦争のことを語らないような気がずっとしておりました。

10代から80代までの多世代が集まったイベント。東京都千代田区。2006年

戦争のことだけではなく、政治のことも地域のことも環境のことも一番語らない世代だと感じております。そのことに危機感を持っています」と、胸のうちをメールで送ってくれた四〇代の人がいました。

六〇代の人からも、「私たちの年代でも、あまり戦争のことは知りません」と聞かされたことがあり、意外に感じました。

では、一体どの世代があの戦争について知っているのだろうか、とがく然としました。

戦争で亡くなった人たちがこの実態を知ったら、どんなに嘆き悲しむことでしょう。過去の戦争が語られないまま、忘れ去られようとしている社会に対し、「自分たちの死は無駄だったのか」という叫びが聞こえてくるようでした。

若い世代だけではなく、多世代で戦争を語り合える場が必要なのではないか。ぼんやりと考えていたことが、こうして確信に変わっていきました。世代間の意識や認識の差を感じ、歴史を見るときにはその時代背景なども含めてしっかりととらえていく必要があるとも思いました。だからこそ、それぞれの世代によって違う役割があると感じたのもこの頃です。ＢＦＰのモットー「多世代」というキーワードはこのような背景から生まれました。

相互作用の生まれるBFP「ワークショップ」の原点

「多世代」の他に、BFPの特徴をあげるとすれば「ワークショップ」と言えるでしょう。ワークショップとは参加者が自発的に発言できる空間の中で、知識と意見の共有をすすめる体験型学習と呼ばれる手法です。発言しやすくする進行役のファシリテーターが介在することで、テーマは「戦争」と重いものであっても、リラックスした雰囲気の中で語り、互いに学びあう場づくりが可能な手法なのです。

その原点とも言えるイベントを開催したのが、東京・代官山にあるアップステアーズギャラリーでした。ここで「フレンドリーデー」というイベントを企画していた藤田香織さんにBFPの話をしたら、とても共感してくれ、会場提供を申し出てくれました。仕事上での付き合いでしたが、同じ高校の出身だということが数年後に判明します。私が高校三年生だったときに彼女は一年生でした。学校ですれ違っていたかもしれない二人が、まったく知らずに一緒にイベントを企画することになるなんて、縁とは本当に不思議なものです。

「フレンドリーデー」は、四月一四日を「世界中みんなが仲良くする日。人も動物も樹木もすべての自然が仲良くする日」として、藤田さんの企画のもと、さまざまなイベントが企画されていました。その一つにビデオ・メッセージの上映が加えられ、一週間の上映イベントをやらせてもらえることになりました。

「若い世代も、日常生活の中で当たり前のこととして戦争を語ってもいいのではないか」という私の気持ちを発信するのに、若者に人気がある代官山で開催できるのは願ってもないことでした。「戦争」をテーマにしているのにもかかわらず、会場はカラフルな椅子の並ぶお洒落なギャラリーです。そういう点でも、目指したい方向性と合致していました。

パンフレットや展示パネルなどの作成は、前の職場でお世話になったデザイナーのタナカリカコさんに依頼しました。イメージを伝えると、私の想像以上に素敵なものに仕上げてくれました。撮影した写真も大きくひきのばし、写真を見るだけでBFPのことがわかるような空間づくりに努めました。広報のために、公式ホームページも立ち上げました。ウェブ・デザインは、親友の田内晶紀子さんがかって出てくれました。

まずはこじんまりと開催して、知人、友人にビデオ・メッセージを見てもらえればという気持ちでしたが、蓋をあけてみたら、一〇〇人以上の人が足を運んでくれました。

●来場者の感想ノートから

「若者の街」代官山のアップステアーズギャラリーでの展示。2006年

ビデオ・メッセージや、元日本兵の方が書いた出版物を見て、こんなことは、もう起きてほしくないし、自分の子どもたちに味合わせたくないと思いました。私がもし、お母さんになって、子どもができたときに、自分の考えをもって行動できる人、周囲のことを考えて行動できる人が世の中にたくさん存在する世界になってほしいと思って、私自身、これから考えていきたいと思いました。

（二〇代女性）

一人ひとりの心の中に平和が無いと平和は成り立たないのと同じように、一人ひとりが自分と「向き合う」という事の必要性を感じました。今って、人の価値観で生きている人が多いんじゃないかと。「平和」を望んでいても、変わり者だと思われたくないとか、他の事で忙しいとかで、関心がないように振舞っていたり。個人個人の意識の変化が必要なんだろうなと。

（二〇代男性）

フィリピンにこんな事実があったことを、このプロジェクトで初めて知りました。それほど私たちは「戦争」について、知る機会が少ないんだと改めて感じました。知る機会をありがとうございました。

（四〇代男性）

「直接言葉を聴くこと」の大切さを痛感しました。人の言葉で語られないと、「戦争」といっても何か観念的で抽象的なものとしてしか理解できない…でも、実際殺され、家族がばらばらになった記憶は、何年経っても消えないものです。ビデオという手法で、リアルに人から人に直接伝えていくことは、本当に有意義なことと思いました。

（三〇代女性）

日本とフィリピンのお互いの想い、色々な考え方があるということを今日のイベントで初めて知りました。元日本兵の「今の若者に話して分かるだろうか…」「経験した人でないとわからないのでは」「このままではあぶない」などの言葉を、今の私たちが想いを引き継がなければ、次世代の子どもが大人になった時には本当に、本の中の物語になってしまうのだろうか…と自分の状態と照らしあわすことができました。

（三〇代男性）

ＢＦＰは一方的な考え方、見方をせずに、何故誤解しあってしまったのかを見た、貴重なプロジェクトだと思う。私たちは、ずっと歴史の時間には時を追うだけだった。そして、そこから追求しようとせず、全てを教科書の中、過去のこととして終わらせてしまっていた。そこから抜け出す見方を見せてくれたのは、他ならぬＢＦＰに違いない。

（三〇代男性）

映像を観ていると、戦争という環境がどんな風に人を変えていくのかが生々しく伝わってきた。悪いことだと、嫌なことだとわかっていても、戦争という渦の中では全て機械的にできるようになっていくのが恐ろしいと思った。

（二〇代男性）

映像を見て、同じ状況にいれば自分だって、誰だって同じことをしないとは言い切れないと感じました。いつの時代も苦しんでいる人、悲しみの底にいる人、虐げられている人がいることを、人々は忘れてはいけないと思いますが、何が起きたのかを様々な方向から伝えていくことが一番大切なことで、それを実行されている素晴らしい活動だと思いました。

（三〇代男性）

本来ならば親から戦争体験を聞いてきた世代が向き合わなければならない問題ですが、私も含め、その世代にも先の戦争は生々しく、経験を語ることもタブーとみなす雰囲気があることも事実です。活動を心から応援したいと思いました。

（四〇代女性）

今日は本当に来て良かったです。私たち若者は、過去に責任はないかもしれない、しかし未来に責任がある。同じ過ちを絶対に繰り返してはならない。今日聞いたフィリピン人と日本人の戦争を体験した人々の声を絶対に無駄にすることなく、これからより良い世界を築くことに少しでも貢献していきたいと思います。本日はこのような機会を頂き有難うございました。（二〇代女性）

映像は「戦争について」。そして、直子さんがお話をしてくれ、その後映像を見た人たちで会話をする…。まさに、これが「平和」だと実感しました。素敵な時間を過ごせました。ありがとうございます。（三〇代男性）

映像を見て心を動かした人がいたことは、大きな喜びでした。初対面の来場者同士が、映像を見て感じたことを自然に語りだすという場面がたくさんありました。たまたま居合わせた人同士が意気投合し、別の場所で上映会を企画してくれることになったり、八〇代の元日本兵が来ていたときにたまたま居合わせた二〇代女性が、「亡くなったおじいちゃんと似ている。私ももっと話を聞いておけばよかった」と涙する場面もありました。会場が温かな語り場となって、心地よい空気が流れました。

上映時間は三〇分。小さなギャラリーなので、写真などを見ても一時間くらいあれば十分な展示内容でしたが、思い思いにその場にとどまり、長い人は数時間もそこで過ごしてくれました。

人が集まるとたくさんのドラマが生まれて、空間に奥行きが出るように感じます。もともとこのような感覚が大好きで、人と人のつながりを大切にしたいと思っていました。同じ映像を見るという一つの共通体験を通して、知らない人同士が自然につながっていけることに大きな可能性を感じました。戦争の話を避ける風潮が強い日本ですが、なにか新しい場をつくることができるのではないだろうかと直感的に思いました。

そして、その後の上映会でも語りやすい雰囲気づくりを心がけながら、開催していきました。平和を創り出すのも一人一人の心の内からだとすると、あたたかなつながりを広げていくことができたら、社会は確実に変わると私は信じています。

現在も、異なる意見が出会い、参加する一人一人によって思いがけない相乗効果がもたらされる「ワークショップ」に重きを置いている原点は、ここにあるのです。

ビデオ・メッセージ上映後、居合わせた元日本兵の話をきく来場者。代官山アップステアーズギャラリーで、2006 年

加害を語った矢野正美さんとの出逢い

七月に入り各種メディアで戦争のことがあつかわれる時期になると、NHKのテレビとラジオの両方から声がかかりました。それぞれの担当者が私の活動に目をとめてくれたのです。

テレビの取材を受けたことで、新しい気づきがありました。これまで撮影した元日本兵の映像を「番組で流したい」と言われたので、確認をとったときのことです。「若い人に戦争の話をしてもどうせわかってもらえない。語り部をやってる人もいるけど意味があるかわからない」

そんな後ろ向きな発言が多かった元日本兵が、テレビ放映されるとなると、

「光栄です。遠慮なくお使いください」

と、電話口でとても嬉しそうな反応をされたのです。

機会さえあれば自分の思いを聞いてもらいたい。伝えたい。本音ではそう思っていたことを知りました。放送後も、テレビ画面に名前が出たと大喜びでした。わかってもらえない。聞いてもらえない。というもどかしさの裏返しなのだということがわかり、私自身がもっと敏感でいなければならないのだと気づくきっかけになりました。

大手メディアへの登場は、自分の伝達範囲を超えた人々と出会うチャンスをもた

らしてくれます。放送後にはさまざまな反響がありました。

アジアでの体験を交えて共感の便りをくれた方、支援したいと申し出てくれた方、そして元日本兵からも、「若い世代の取り組みを知って嬉しかった。話したい」と興奮した声で電話をいただきました。NHKは世界で放映されており、海外在住の人からも連絡が入りました。知らせていなかった友人知人からも「見たよ」と言われ、マスメディアの影響力を感じました。

例によって、匿名の中傷もありました。放映直後、「過去の戦争を掘り起こすな」という内容の書き込みが、ブログに複数寄せられていました。調べてみると、すべて同一人物の書き込みであることがわかりました。私は当初から本名（旧姓）を公にしていますが、こういうコメントに限って匿名だったり、こちらから連絡ができないことがほとんどです。

私は戦争当事者ではないので気になりませんが、これが当事者だったら……と思うと、心が痛みます。戦争の語り部をやっていた九〇代の元日本兵は、カミソリの刃が入った封筒が自宅に送りつけられたことがあったそうです。その方は、「脅しには屈しませんよ」と笑い飛ばしていましたが、体験を語っているだけで口封じをしようとする人がいることには驚きます。

認めたくない事実、目を背けたくなるような事件が、戦場には山ほどあります。

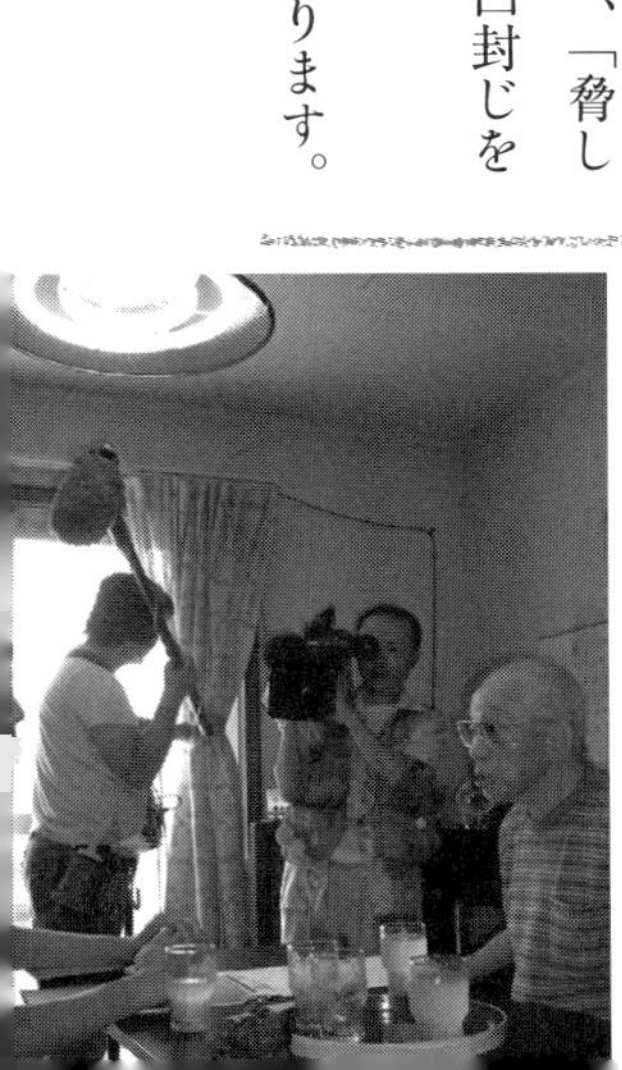
私たちの元日本兵取材にNHKが同行した。2006年

それが戦争なのです。そこに向き合ってこそ、過去から学び、新たな未来を築けるのだと思います。
　このように、メディアの力で多くのつながりができました。中でも、特に嬉しかったのは愛媛在住の矢野正美さんからの連絡でした。放送された翌日、ブログに次のようなコメントが入りました。

　ＮＨＫ特別番組「戦争と向き合う若者達」で神さんの活動を知りました。私は戦車第二師団工兵隊の元兵士（八六才）です。ルソン島の激戦で重傷、その後マラリアと栄養失調で動けず八月二三日（兄戦死の日）に自決する覚悟を決めていたが八月一九日終戦を知り中隊一〇パーセントの生還者です。私の当時の生き様を記した日記が出版されていますので読んで戴きたいと思います。送付先をご指定下さる様お願いします。

　書かれていた番号にすぐ電話をかけると、フィリピン人に伝えたいことがあるので、愛媛県まで来てほしいと言われました。電話口から熱意が伝わってきたので、私は迷わず会いに行きました。
　あっという間の、夢のような時間でした。世代を超えて、時を超えて、元日本兵が抱えてきたものを語ってくれるということは、なんとありがたいことなのだろうと感じました。

矢野さんとは初めて会ったにもかかわらず、話は尽きませんでした。移動中の車の中でも質問攻めにしてしまったので、疲れさせてしまったのではとあとになって反省する始末でした。

加害体験を赤裸々に語ってくださったのは、矢野さんが初めてでした。

「強盗、強姦、殺人と放火。この四つの重大事件を全部自分が起こした」

矢野さんほどいさぎよく罪を認めた人には、その後も出会うことはありません。

「教会で五〇代位の女性と出くわし、銃剣で私は刺しました。血がぱーっと出て、虚空を掴んで、その人は倒れました。今でも、心残りになっております」

「謝りたいと思っても、あれがどこで起きた出来事だったのか、今となってはわかりません」

二日間にわたってずっと行動を共にさせて頂いたこともあり、別れ際は身内のような感情がわき、思わず泣いてしまいました。気持ちの動揺があったせいか、ビデオカメラの三脚を矢野さんの車のトランクに忘れて帰ってしまったほどでした。

別れ際に矢野さんから、次のように言われました。

「自分たちがやらなければいけなかった事を、若いあなたが代わりにやってくれ

元日本兵・矢野正美さんは、
家族で歓待してくださった

ているような気がする」

いても立ってもいられない気持ちから始めたことなので、こそばゆい感じもしましたが、とても嬉しくその言葉を受けとめました。矢野さんは、天皇の命令であったからと責任逃れをする方が多い中、「実行犯は私です」と断言されました。そう発言された矢野さんでさえ、

「フィリピンの人々に申し訳ないと思いながらも、謝罪は国が行うものだという気持ちがどこかにあり、実現できなかった」

と言いました。

後日届いた手紙にも、次のようにありました。


最近特に戦争を語り継ぐ為の様々な団体よりお問い合わせや資料を希望される事が多い事に大変嬉しさを感じております。そうした中で自分の在り方を考える時、私を助けてくれた戦友達が誰も帰って居ない事から、慰霊に専念して来ましたが、その事の大切さと共にフィリピンを戦場として荒廃させ、多くの住民を殺し、食料を奪ひ取った事に対する反省と謝罪の気持ちを現すことの少なかった事を深く感じます。

戦争を語り継ぐことは、本来生還者の私達が行ふべきであった事だと思ひま

「四つの大罪」を赤裸々に語る矢野さん。2006 年

す。でもまたよく考へてみると私達は荒廃した祖国に帰ったけれど、先ずは食べることから始めなければ何もない時代でした。自立する事、国の復興の為にその全精力を使ひ、一息ついた時には私達はもう年を取り過ぎていた感じもします。また、彼の国の人達に当事者の私達が直接対処する事には気おくれもあった事と思ひ、そうした事は国力のついた国がやってくれる事だと思ってしまった気もします。

矢野さんと初めて会ってから二年後の二〇〇八年、残り少なくなった戦友が一堂に会するというので、招待されたこともあります。戦友の一人は前年に亡くなり、一人は外出が困難になったということで、当日は岡山と名古屋から夫妻で参加された二組と、近所に住む長井義明さんのみでした。

夕飯後、長井さんが一人で祈りを捧げていました。

「亡くなる直前の戦友の口に、白いご飯一口だけでも入れてあげたかったなぁ……」

「こんなご馳走があのときあったらなぁ……」

そう言うと、持ち帰り用の容器を頼み、大皿に残っていたおかずを詰め始めました。

「笑われてもいいんです。笑われても、私はそういう気持ちですから」

そう言って店の人に戦友のことを話していました。

「みな同じ気持ちですよ。本当にその通りなんです」

隣に座っていた戦友の人が、そっと私に耳打ちしてくれました。

二日間の戦友会では、貴重な話をいろいろと聞かせていただきました。

「あのとき、拾ってもらわなかったら、私は今ここにいませんよ」「いやいや、終盤は僕の方が助けてもらったよ」「もう死のうや、と二人で話したこともありましたね」「倒れた兵隊の肉を食べてる人がいた。もう少しで自分もそうなりそうだったですよ……」 尽きない話に、「戦友」への思いが私も少しだけわかったような気がしました。

五分ほどのニュース番組がつないでくれたご縁でしたが、矢野さんが二〇一二年二月七日に他界されるまで、何度か愛媛にお邪魔し、観光旅行に出かけたり、上京された際は食事を共にするなどの付き合いをさせて頂きました。

二〇代の、それこそ孫のような世代の私に、本当によくしてくれました。私へのあたたかい眼差しや支援から、BFPに託したい想いがあったことが、今となっては痛いほどわかります。矢野さんの証言は、BFPビデオ・メッセージの要として、今後もたくさんの人たちに届け続けていくつもりです。

罪語り 誓う不戦
「強盗、殺人…軍命でも私は実行犯」
兵の体験 次代に
狂気・むごさ 碑に

矢野さんが他界した翌年、朝日新聞の石橋英昭記者がその生涯を記事にした。『朝日新聞』2013年8月15日付

同じ場所にいた被害者と加害者、双方の話を聞いて

活動当初から、ひんぱんにフィリピンへ行っているように思われることが多かったのですが、現実はなかなかそうはいきませんでした。態勢が整っていなかったこともありますし、組織として渡航費用を捻出することができずにいました。

それに、初のビデオ・メッセージを届けた二〇〇五年一〇月以降、「日本でもやらなくてはいけないことがたくさんある」と感じることが多く、日本での上映やネットワークづくりに時間を費やしていたら、あっという間に月日が経っていたということもあります。日本国内で上映する重要性とニーズを感じていましたし、私自身、勉強不足だという自覚もありました。

ある国際交流財団の役員を務めていた名女川文比古さんから連絡が入ったのは、そんなときでした。以前の職場で大変お世話になっており、退職する際、私は始めようとしていたプロジェクトについて話していました。

海外出張先でNHKニュースを見て、「知っている人が出てきて驚いた」と帰国後にメールをくれたのです。再びご縁を頂き、BFPを支援してもらえることになりました。しかも財団の方針として、三年間の継続支援が約束されました。それは、BFPの進路を形作るうえで大きなひと押しになりました。

他にも多くの個人支援があり、ようやく二〇〇八年にフィリピン再訪が叶いました。この年は、各地での上映が実現したり、新しいプロジェクトが始動したりと国内での活動が充実する中、フィリピンに二度訪問できました。

二〇〇八年二月二五日〜三月三日のフィリピン訪問には、設立当初からイベント企画などで力を貸してくれた相ヶ瀬茜さんが同行しました。一週間の二人旅。たくさん笑い、フィリピン人のあたたかさに感激し、歴史に思いを馳せる旅となりました。

訪問目的の一つは、ルソン島南部バタンガス州バウアンで開催されるイベントに参加することでした。戦後六〇年の二〇〇五年から、遺族のチトさんが追悼イベントを主催していると聞いて、参加したいと思っていました。

チトさんのおじいさまが亡くなったのは、一九四五年二月二八日でした。その日、村中の男性が教会に集められ、爆弾が仕掛けられた建物に移動させられたあと、三二八人が爆弾により命を奪われました。逃げ出した人が四〜五〇人いて、彼らの話が聞き伝えられていたものの、その事件を記録する作業はほとんどなされていませんでした。

そこに注目したチトさんが、親戚や友人らに呼びかけて追悼イベントを企画しました。私たちがお邪魔した三回目は学校関係者の協力が得られたと聞いており、六〇人ほどの学生が会場に集まってきました。チトさんがイベントの主旨を話したあと、参加者は複数のグループに分かれ、事件当日のことを覚えている戦争世代を囲んで証言の聞き取りをしました。

会場にいる日本人は、私たちだけでした。至るところで「日本人は……日本人は……」というタガログ語が聞こえてきて、居心地の悪さを感じました。時おりチラッと私たちに視線を向ける学生もいて、なんだか落ち着きませんでした。証言者の一人は、日本人への嫌悪感を露わにしており、私たちと口をきかないどころか、目も合わせてくれませんでした。爆破された建物から逃げるときも、しつように銃弾が追いかけてきたということでしたので、そのときの恐怖と日本兵への恨みは想像を絶するものであったに違いありません。

証言を聞く時間が終わると、チトさんが私たちのことを改めて紹介してくれました。ビデオ・メッセージを上映し、元日本兵の立場や彼らがどのような思いで余生を過ごしているかを話しました。

次世代を担う学生には、戦争になるとどのような状況になってしまうのかということを考えてもらいたいと思いました。元日本兵を弁護するつもりで参加したわけではなかったのですが、加害側のことも知ってほしいと思いました。

一方通行ではなく、もっともっと多くのフィリピン人と日本人が意見交換できる

グループに分かれ、戦争体験をきく学生たち。2008 年

場が必要だと思いました。歴史は視点によっていかようにも見えるからこそ、多様な意見をもとに話し合うことに意味があると考えるからです。

私はこのイベントに参加したことで、この地に派兵されていた元日本兵の話を直接聞いてみたいと思うようになりました。

「どうして、このような残虐なことが起きてしまったのだろう」

という素朴な疑問が、頭をもたげてきたのです。

帰国後、私はフィリピン南部バタンガス州に派遣されていた部隊を探し始めました。まずは部隊を調べようと、国会図書館へ行って部隊史をさがしました。『秋田歩兵第十七連隊比島戦史』という部隊史が出てきました。厚さ七センチもあるずっしりと重量感のあるものでした。ページをめくると、私が訪問した地名が出てきました。あとでこの部隊に所属していた元日本兵に聞いた話によると、チトさんのおじいさまが虐殺されたこの事件自体が隊の中でタブーとなっていたそうで、部隊史にそのことは一切触れられていませんでした。

そして二〇〇八年の暑い夏、私は部隊名簿にある四〇〇人近い元兵士に手紙を送りました。「どうかお返事を頂けますように」と祈るような思いで、一人で発送作業をしたのを覚えています。

願いもむなしく、名簿が作成された当時とは地名が変わっており、半分は配達されずに住所不明で戻ってきてしまいました。

たとえ郵便物が無事に到着しても、不審に思われた方がたくさんいたようでした。この時期、無言電話が何件もかかってきました。送り主である私がどんな人物であるのかを、本人や家族が確認しようとしたのかもしれません。

戦後六三年が経とうとしていたことを考えると、直接話をきくのは難しいかもしれないと予想はしていましたが、待てど暮らせどなかなか元兵士本人からの連絡は入りませんでした。ときおりかかってきたのは、家族からの「夫は（父は）亡くなりました」という電話でした。

やはり当事者から話をきくには遅すぎて難しいのだろうか……と一ヶ月くらいが経ち気落ちしかけていた頃、ご本人たちから少しずつ連絡が入るようになりました。取材を快諾する旨がしたためられた直筆の手紙が届いたり、

「覚えていることをすべて話したい」

という電話が入ったりしました。中には、

「人殺ししか、しなかったからなぁ……」

と電話口でため息混じりに語り、面会は断固として拒んだ人もいました。そのあと何度も、

「話を直接うかがう機会がなければ、戦後世代の私には戦争の真相を知ることが

できません」

と伝え、取材を受けてもらえるよう懇願しました。その甲斐あって、ようやく訪問を受け入れてもらえることになったときは、飛び上がらんばかりでした。しかし、関西にお住まいだったその方を訪問するため、前日に最寄り駅近くのビジネスホテルに宿泊していた夜、

「やはり、話せません」

と電話が入りました。心待ちにしていただけに、ショックでした。受話器の後ろでは、女性の声もします。どうやら、家族に話すことを反対されたようでした。この方のためだけに新幹線に乗ってやってきていた私はあきらめきれず、

「せめて持参したお土産だけでも受け取ってください」

と、挨拶にだけは伺う旨を伝え、電話をきりました。

どきどきしながら向かった自宅で、玄関先に現れたのは本人ではありませんでした。連れ合いと思われる女性がぶっきらぼうに土産をつかむと、話しかける隙すら見せず、あっという間に家の中に入って行かれ、それ以上はなにもできませんでした。電話では次々にいろいろな記憶がよみがえっているのがわかったので、今でも悔やまれ、話を聞けなかったことは残念です。

これほどまでに語ることが難しい事件が起きてしまったバタンガス州。ますます、

そこに派遣された人たちと会うことは、本当に貴重なのだと思えました。

そうして迎えた東北での取材のときに、予想外のことが起きました。駅に降り立つと、突然見知らぬ高齢の男性から、「神さんですか?」と声をかけられたのです。驚きながら話を聞いてみると、電話では、「会って話すことはできない」と証言を拒んでおられたTさんだということがわかりました。最後に送った手紙に、同じ部隊の人に話を聞くため×月×日に近くに行きます、と書いていたので、それを読んで駅まで来てくれたようでした。

「会えないとおっしゃっていたのに、どうなさったんですか?」

と質問すると、

「顔を見に来ました」

と言います。私はすでに日程を組んでしまっていましたが、明らかにTさんの話したさそうな様子は伝わってきましたので、

「予定がすべて終わる夕方でよければ、話を聞かせてください」

と伝え、先を急ぎました。

そして予定していたスケジュールを終えて、待ち合わせ場所へ行くと、日本酒を小脇に抱えたTさんが待っていました。

「酒を飲まないと、話せそうにありません」

そう言うと、手酌でぐいぐい飲みながら、ぽつりぽつりと話し始めました。既に他界した妻にも、子どもたちにも戦争のことはなにも語ってこなかったそうです。戦友会にすら、思い出したくないという理由で足が遠のいていたと言います。

そんな状況で私に語ってくれたことは、胸に秘めていたことの半分にも満たなかったのだと思います。自分の話としてではなく、戦友がやったこととして強姦などいくつかのエピソードを話すにとどまりました。酔いで顔を真っ赤にしながら、きっとそれが精一杯だったのだと思います。

日も暮れてきていましたし、その日に話してもらえる内容の限界に近づいていると感じた私は、話してくれた御礼を伝え、機材のかたづけに入りました。そのときです。

「もう時効でしょうか……」

そう、つぶやくようなか細い声でTさんは言いました。

一瞬耳を疑いましたが、振り返ると、そこには、力なくうつむき加減のTさんの姿がありました。確かにそう言ったのです。そしてこう続けました。

「自分は生きていていいんでしょうか」

Tさんは長年、家族にも話せず、ずっと一人で苦しんでこられたのです。あまりの苦しさに、「時効だろうか」と自分を解放してやりたかったのでしょうか。胸が苦しくなりました。

Tさんのように、バタンガス州に派兵されていた方たちに今も重くのしかかる重圧は、想像以上でした。

「今考えたら、自分は鬼のようだった」

「師団長からくだされた命令は、『全部ゲリラだから、捕獲しろ。怪しいものがいたら殺せ』というものでした」

「米軍が上陸する前は、平和に仲良くフィリピンの人ともやっていたんです。でも、いつしか殺すか殺されるか。そんな状況になっていきました」

「軍隊は、人間性を失わせることの連続だった」

これまで話してくれた方のほとんどは、当時自分がおこなった具体的な行為については触れませんでした。電話口では「今回はすべて話したいと思っている」と言っていた方でも、実際に私を目の前にすると、

「自分が手を汚したことは、やっぱり言えません」

と、なんとも言えない物悲しい表情で、言いました。

現地でのビデオ・メッセージの反応を伝えると、

「自分がもし彼らだったら、絶対赦せない。自分の家族や子どもが酷い目に遭って、赦せるわけがない」

と言い、逆に、ビデオ・メッセージとして届けることについても、

「現地人の中には、自分の顔を覚えている人がいるかもしれない。上映しないでほしい」

と頑なに拒んだ方もいました。私が毎年のようにフィリピンへ行き、ホームステイをしている話をすると、

「毒を盛られるかもしれない。気をつけなさい」

そう、真顔で助言してくれた方もいました。くわしく聞かずとも、それほどのことをしてしまったのだということがわかりました。

バタンガス州に派兵されていた人たちの話をきき、やり切れない思いに駆られました。確かに、手をくだしてしまったのは彼らであることは間違いありません。しかし私が話をきくことのできた兵士の多くは、当時年齢的にも若く、命令される側の下級兵士でした。ルソン島南部の虐殺を命令した兵団長はもちろんのこと、参謀及び作戦将校等の命令をした側の上級将校は戦後すぐに処刑されたか、そうでなければすでに他界していました。

「悪いって言われたって仕方ねーよな。命令だからよ。命令には絶対さからえない」

そう語る元兵士を前に、私は責任追及をすることはできませんでした。いったん

戦争になると、一個人の意思など尊重されないということ。目の前にいる優しそうなおじいさんが、家族にも言えないほどの深い心の傷を抱えていること。その事実が、私の心に突き刺さりました。

相手の立場を理解した上で交流し、関係を築きあげていく

バタンガス州に派遣された元日本兵の思いをたずさえ、その年の一〇月に再び私はフィリピンの地を踏んでいました。

今回はバタンガス州リパ市の庁舎内のホールで、ビデオ・メッセージを上映することが決まっていました。学生約一〇〇人、戦争体験者約二〇人が集まってくれました。なぜ私たちがフィリピンまで元日本兵のビデオ・メッセージを持ってきたのか。戦後世代の日本人として、どのような考えを持っているのかを話しました。参加者はときおり大きくうなずいたり、拍手をしたり、理解のある様子で話を聞いてくれました。

ビデオ・メッセージの上映が終わり、ひと通りの感想が出されると、意見交換の時間になりました。

戦争体験者の一人から、

「それでは今後、ブリッジ・フォー・ピースは私たちにどのような支援をしてく

ビデオ・メッセージ上映会。バタンガス州リパ市のホール。2008 年

れるのですか？」

という質問が投げかけられました。これを皮切りに、要望が次々に出てきました。

自分たちの生活がいかに苦しいかを訴え、お金の要求をしてきたのです。ただでさえ少ない予算でフィリピンを訪ねているので、そんな余力があるはずはありません。ＢＦＰは小さな組織であり、潤沢な資金のある組織ではないこと。日本政府を代表して来ているわけではないので、金銭的支援はできないこと。日本は、戦後賠償としてすでにフィリピン政府に支払いをおこなったということ。さらには、元日本兵の中にさえ恩給がもらえずに苦しんでいる人がいるということ。このような事情を説明しました。

学生は納得してくれたようでしたが、被害を受けた戦争体験世代は、具体的な支援の話がないと不満気な様子でした。長時間じっくり議論ができず残念でしたが、閉会の時間となってしまいました。

「活動の趣旨を理解してもらえなかった」

と、気落ちしました。

昼食後には、同市の施設で地域の人たちを対象とした上映会が開かれました。こちらにも、約七〇人が集まってくれました。予期していたことではありましたが、このときもまた「お金」の話が持ちあがりました。

発展途上国であるフィリピンと、先進国である日本では多くの面で違いがあります。日本に暮らす私にとって当たり前にできることが、フィリピンでは叶わないことがたくさんあります。自分が住む島から一歩も出ずに一生を終える人が多くいます。海外へ行くなんて、夢のまた夢でしょう。かたや私は、当時二〇代にもかかわらず、支援を受けていたとは言え、すでに数回フィリピンを訪問していました。彼らの目にどう映っていたかは想像できます。

このような背景に思いを馳せることが重要なのだと、私なりに理解しました。

「フィリピン人はお金ばかり要求する」

と毛嫌いしてしまうようでは、国際交流など実現することはできません。彼らの立場を理解し、尊重し、そのうえでなにができるのかを考えるのが重要です。

帰国後、フィリピン人からの金銭的な要求について日本の大学生に話したところ、「かえって関係の悪くなるような議論は避けたほうがいい」「補償を求めてくるような甘い国民性ならフィリピン人と接しないほうがいい」

という意見を持った人もいました。

しかし、物事を大局的に見ないと、見失ってしまうことがあります。一つの側面だけで判断することで誤解をうみ、その結果相手への警戒心を強め、壁ができてしまうこともあります。

フィリピン人が補償を求める理由の一つとしては、日本政府が戦後賠償をおこなったことが知られていないということがあります。実際に、他のアジア諸国と比較にならないほど、一九五六年の締結当時としては多額の一九八〇億円（国立国会図書館外交防衛課調べ）もの賠償を、日本政府はフィリピン政府に対しておこなったのですが、そのことを知らないフィリピン人は多くいます。日本は国家賠償をおこなったものの、個人補償をおこなわなかったので、戦争被害者に知られていないのはいたし方ないことかもしれません。

また、日本がフィリピン政府に対して支払った賠償金が、私企業や財閥に渡ったという指摘もあります。さらには、賠償金がもたらした恩恵がまわりまわって、日本企業に利益をもたらしたとも言われています。

こうした背景を知ると、彼らが補償を求める気持ちを理解することができます。フィリピン人と話してみると、彼らの意見も千差万別です。皆が皆補償を求めているわけではないし、むしろ補償を求めるフィリピン人を戒める人もいます。「知らない」ということが、互いの距離を広げてしまうことがあるし、誤解を生みやすくしてしまうことがあると感じています。

避けるのではなく、とにかくお互いの立場を理解すること。そのうえで交流し、関係を築きあげていくことがいかに大切なことであるか、そのあとの訪問でも実感していくこととなります。

ビデオ・メッセージから生まれる対話

このように、直面する課題はありましたが、ビデオ・メッセージがもたらす効果が見えてくることもありました。

リパの市庁舎で開催された上映会に、アレックス・マラリットさんはけげんな気持ちで足を運んだと言います。日本人が元日本兵のビデオ・メッセージを持ってくるなんて、どういう意図だろうと不審に思ったそうです。

上映後、交流を呼びかけた私たちにアレックスさんが話しかけてきました。「自分の父親も日本兵に殺された。住民六〇数人が銃剣で刺され、生きたまま井戸にほうり込まれた事件の犠牲者です」という彼は、「戦後初めて元日本兵の心の内を知ることができた」、「戦後世代の日本人が取材してまとめたその意欲に、真剣さを感じた」と言ってくれたのです。

私はその場で、詳しく話が聞きたいとお願いしました。他にも話してくれそうな戦争体験者はいましたが、彼のなんとも慈悲深い目の奥に広がる悲しみに、頼まずにはいられませんでした。

この事件は、ゲリラが潜伏していると疑われたリパ市バランガイ・パガオで

アレックス・マラリットさんの
両親の結婚写真

一九四五年二月一八日の早朝に起きました。当時、リパ市の中心部に住んでいたアレックスさん一家は町の至る所で日本兵を見かけるようになり、身の危険を感じ、八キロ離れたパガオに逃げました。移ってから数日後に、この不幸な事件が起きたのです。

夜明け前、就寝中のアレックスさん（当時九歳）は物音で目が覚めます。そこに立っていたのは、銃剣を構えた数人の日本兵でした。そして彼らは父、アマド・レイヤス・マラリットさんに銃剣を突きつけると、家から連行しました。母は泣き、父親っ子だった当時四歳の妹も泣きながら父の足にしがみつきましたが、それでも日本兵は父親を強引に引き離して連れ去りました。

日本兵は捕らえた男性たちを井戸の前に並ばせたあと、数珠繋ぎにし、銃剣で何度も突いた、とあとに目撃者から聞いたそうです。そして、深さ二〇メートル以上ある生活用水の井戸へ突き落としました。すべての男性が落とされたあと、日本兵はミシン、モーター、石など重いものを井戸に投げ入れ、とどめを刺したと言います。

話し終えたあと、アレックスさんは深く息を吸い、うるんだ目で私をまっすぐに見すえ、仕方ないとでも言うように手のひらを上にし両手をあげて肩をすくめました。あまりに残酷な事件の詳細を聞き、私の脳裏には取材した元日本兵の顔が浮か

アレックスさんが描いた事件のスケッチ

んでは消えました。その現場である井戸に行きたいと伝えましたが、日本人に話すことで精一杯だったのか、「また次回」と言われ、その日は別れました。

私は帰国後も、アレックスさんとメールや手紙の交換を続けました。そして二〇〇九年二月の再訪時には、いまでも遺骨が眠る虐殺現場の井戸にも案内してもらいました。お供えする花を用意し、五人の参加者とアレックスさんの案内で現場へ向かいました。

うっそうと生い茂る、放置状態のバナナ園。足を踏み入れるのを躊躇するほど荒れ果てた土地に、アレックスさんは迷わず入って行きました。早足のアレックスさんを見失わないように、私たちもそのあとを追いました。バナナの葉を掻き分け、たどり着いたのはコンクリートで固められた古びた四角い井戸跡でした。ここまで来るのに何の目印もなく、そこに墓標や説明書きは一切ありません。ここで悲劇が起きたことは当時を知る人でなければまったくわからない状態でした。南国のはずなのにここだけ薄暗く、時が止まったように、ひんやりしたような気がしました。

使えなくなったこの井戸には、落下防止策として一九八〇年代に蓋がされたそうです。硬く、冷たい、分厚いコンクリートが覆う井戸跡の上には、人が訪れていないことを物語るように、草木が覆っていました。

「ここだよ」と私たちのほうを見ずに言うアレックスさんの目は、穏やかさを失

アレックスさんの父親を含む住民たちが投げこまれた井戸の跡

い、とても厳しく光っていました。私たちは草木を手で丁寧に払いのけ、静かに手を合わせました。これまで聞いてきたアレックスさんの話を回想し、私は溢れる涙を抑えることはできませんでした。

幼い子どもを残し、アレックスさんの父親はどんな思いだっただろう。目の前で次々と銃剣で刺されるのを見て、次は自分だと思うその恐怖はいかばかりだっただろう。そして、残されたアレックスさんは父親の死をどう受け止めてきたのだろう……。ここに私たちを連れてきてくれたアレックスさんに、改めて感謝の気持ちでいっぱいになりました。

気づくと薄暗かった井戸の上に日の光が差し込み、そこだけが明るくなりました。起きてしまった事実を変えることはできないけれど、少しでもその痛みを和らげることができたらと願わずにはいられませんでした。それ以降、ツアーでフィリピンを訪ねる際は必ずアレックスさんを訪問し、井戸に花を持参してお参りさせてもらっています。

井戸を訪問したあと、アレックスさんは私たちと数日間一緒に過ごしてくれました。食事を共にし、一緒に歌を歌い、戦争体験者の取材にまで同行してくれました。そして別れ際に次のような言葉を贈ってくださいました。

日本で空襲体験をした甲斐秀水さん（右から3人目。左端のアレックスさんと同じ年齢）。甲斐さんは、井戸からの遺骨収集を申し出た

あなたたちは日本人に対する憎悪が渦巻いていた地に、愛の種を蒔いてくれました。戦時中に失われた命と流された涙が、その種を育み、国境を越えた新たなつながりを築いてくれることでしょう。さまざまな感情が広がり、伝わり、新たな絆が……。

一番遠回りかもしれないし、時間のかかることかもしれませんが、相手の思いを受けとめ、お互いの気持ちを共有し、なにが一番よい交流なのかを共に探りながら築いていきたい。フィリピン人との交流を通して、結論を急がず、関係をじっくりと温めていきたいと感じました。そう思っていたときに、アレックスさんが私たちの活動を「種」に例えてくれたことを、とても嬉しく思いました。

彼との出会いは、ビデオ・メッセージがきっかけでした。疑いの眼差しを向けながらも、上映会場に恐る恐る足を運んでくれたのです。ビデオ・メッセージのような形がないと、真剣さが伝わりにくく、このような関係を築くこともできなかったかもしれません。それほどまでに、日本人への不信感は根深いものがあるのです。アレックスさんは、今では、フィリピンにおけるＢＦＰの良き理解者として、力を貸してくれています。

少しずつでもいい。交流を通して関係が変わっていったら、これほど素晴らしい

今ではBFPの良き理解者となったアレックスさん（左から３人目）と私たち

ことはないかもしれません。ビデオ・メッセージでなにかが変わる確信があったわけではないけれど、そこから対話が始まる。そんなかけがえのない出会いが、これまでいくつもありました。

「僕の親戚を殺したのは、あいつじゃないのか⁉」

上映中、血走った目をして、画面のほうに駆け寄ってきた男性がいました。日本兵の証言を食い入るように見ながら、泣き出してしまう人もいました。このように、ビデオ・メッセージが負の感情を引き出してしまう怖さは、感じていました。

その一方で、

「自分たちの被害のことばかりがずっと頭にあったけれど、映像を見たことで部隊に置いていかれ、一人のたれ死んでいった元日本兵がいたことを戦後初めて思い出した」

と打ち明けてくれた高齢の女性もいました。

ビデオ・メッセージが少しでも心に変化をもたらしたり、違った視点から過去をとらえなおしたりするきっかけになればいいと思って続けてきたことが報われた瞬間でした。

ビデオ・メッセージに見入るフィリピンの人たち。2009年

五周年を迎え、NPO法人に

五年目を迎えた二〇〇九年には、仲間が増えていました。一人で始めたことを思うと夢のようでした。

なんとか続けてこられたのも、励ましの言葉をかけてくれた人や、なにかやりたい！と関わってくれたメンバーのお陰でした。

ＢＦＰのことが紹介されたラジオを聞いて支援者になってくれた鹿児島県在住の丸野博和さんは、「自分に代わってやってくれているような気がするから」と、毎月二万円の送金を申し出てくれました。私が三〇歳になるまではＢＦＰを続けてほしいと、小さなお子さんがいたにもかかわらず、誕生日を迎えるまで二年間送金し続けてくれました。最初にその申し出のメールを開いたとき、私は、その信じられない内容のパソコン画面を前に一人で泣いてしまいました。当時はいつまでやるということを決めずに漠然と進めていたので、大きな励ましになりました。他にも、活動当初から応援してくれている人の名前をあげようとすればきりがありません。

そんな感謝の気持ちを伝えたいと思い、「五周年感謝祭」と題した記念イベントを二〇〇九年に開催しました。そして、『私たちの歴史認識～戦後世代の声～』というブックレットを、活動に関わる中心メンバー一二人が執筆する形で作成しました。以下に、その一部を抜粋して紹介します。

ブリッジ・フォー・ピース
5周年のイベント。メディアの取材も入った。2009年

将来の時代を創っていく日本の若い世代は、「体験としての戦争」をもっともっと知る必要がある。正当化できる戦争があるという主張に安易に迎合しないためにも。そのためには、海外であれ日本国内であれ、実際に戦争という大義のもとに行われる残虐行為を体験した人々から、そのときにどう感じたのか、戦争とは何なのかという問いについてどう考えるのか真摯に耳を傾ける必要がある。

（中略）

その機会をできるだけ多くの方に提供しようとしているのがブリッジ・フォー・ピースである。別の言い方をすれば、ＢＦＰの活動を広げていくことによって、より多くの「体験としての戦争」を知らない世代にそれを知るきっかけを与えることができるのである。そしてそのことが、若い世代が「正当化される戦争もあるのであって、そういう戦争であれば起こしても仕方ない」という考えを自問する手がかり、その上や下の世代に働きかけていく手がかかりになるのではないか。これが、私がＢＦＰの活動に関わってきている理由に他ならない。

本村公一

興味を持って、話をして、友達になることが拡がれば、「話すこと」という手段の有効さが大きくなる。国際理解、国際交流は非常に大事だと考え、やってきた。人を殺すという手段を遅らせるもしくは、違う方法での解決を模索できるという効果があると信じ、その先に世界平和を見据えていた。

もうひとつ、僕は、「戦争が嫌い」と強く思っている。そう思うことの先に、平和があると思っている。被害、加害双方の悲惨な経験を知ることで、もう二度と人を殺してはいけないと誓うこと、生きたいという気持ちを大事にすること、生を強く思うことで、天秤にかけられる命の重みをより重くし、戦争という判断をしないようにすることができると思っている。

鈴木佑輔

私たちの書いたものを読んでくれた元日本兵からも、たくさんの感想が届きました。

戦後世代の声、だいたい二度三度読み返しています。作家が書いた本でもなし、体験談でもなく、またこれからもあろうとは思わぬ戦争に、いかに処したらいいか。食い止めることができないか。戦後生まれの若い方々の思いや叫びが聞こえてくるようです。如何にすれば争わずに済むか。この老兵も想ふ処です。ありがとうございました。

（八七歳、軍曹）

忙しい中を、お手紙や本を贈っていただき、それをレンズ（注：拡大鏡）の助けを借りながら、皆さん凄い方ばかりと拝読しました。皆様方のご努力が日本や、世界に拡がってゆくことを心から願っております。頑張れ　ＢＦＰ！祈るご発展。

（八五歳、上等兵）

『私たちの歴史認識』を今日拝読。なかなかの力作ですね。平和運動に若い人たちが集ってくれる事は、望外の喜びです。神さんの冒頭のお話。心からの声援を送ります。全く同感。ご健勝をお祈りしています。

（八九歳、兵長）

朝日新聞の「社説」に掲載されていたのを見てびっくり。今度は、『私達の歴史認識』でびっくりです。中々の活動と見直し、敬服しているところです。

しかし戦争中のフィリピン、いい話はないですね。ごもっともです。やむをえません。そのとおりでしたから。私どもは一生懸命、国の為とやりましたが、国が兵法に反し無理な戦争をやりましたので。敗戦後、私は戦犯になり、こんな合わないことはありませんでした。

（九二歳、将校）

立派な本をありがとうございました。活動の主旨に賛同され、協力を惜しまない人々が多くいることに感心しております。私たち戦場にいった者は、もう何も考えることなく徒食しているだけですが「戦後世代」といわれる若い人達がしっかりした思想と意見、それに実行に移す力を持っていることを知り、とても敬服しております。

（八七歳、軍曹）

貴重な本をいただき、有り難く拝見いたしました。皆さんご熱心にご努力、心から敬意を表します。私も本年九五歳、すでに垂死の身ですが、どうやら手足は動きますのでうろうろ出歩いています。

ざっと拝見して、まことに敬服したのですが、欲を言えば「戦争責任」についての問いかけがあまり見当たらなかったように感じました。被害、加害に対する反省も必要ですが、戦争は人災ですから、それを超えた人間に対する「責任を問う姿勢」は同時に必要と思います。天皇制そのものを考えてはどうでしょう。お若い方々の真剣なご研究に、敬意を表します。

（九五歳、下士官）

頼もしい仲間に囲まれるようになり、支援者も増え、メディアからも注目されるようになってきたことで、個人的な活動として継続していくことに限界を感じるようになりました。五周年イベントを終える頃に、特定非営利活動法人（ＮＰＯ法人）の資格をとろうという流れは自然にやってきました。

たとえ法人になったとしても、それを意識してかたくなることなく、これまで通り自然体での活動をつづける。それが設立当初の理事メンバーに共通する思いでした。新たに設ける会員制度の名称もがっつり（しっかり活動にかかわる）会員、ゆるゆる（時間があるときにかかわる）会員、おさいふ（金銭的に支援する）会員としました。定款などの必要書類を整え、法人印を作り、所轄官庁に提出しました。

二〇一〇年一月四日に認証がおり、晴れてＮＰＯ法人ブリッジ・フォー・ピースとなりました。

ブリッジ・フォー・ピース５周年イベントのメンバー

5章 過去の戦争を知り、未来のかたちを考えるきっかけをつくる

闘病を支えてくれた人びと

五周年イベントを終えて法人格を取得したと書くと、順風満帆のように聞こえるかもしれません。実際に、その流れはとてもスムーズでした。しかし、NPO法人になると決めたのと同じころ、私は乳がんの告知を受け、認証がおりた一月に手術を受けました。

これからNPO法人になるぞ！というとき、代表が病気になったと知れば、せっかく盛りあがったやる気に水をさしかねません。それに公言してしまうと、私自身も弱音を吐いてしまいそうでした。ここが頑張りどきだと自分に言い聞かせ、設立当初の理事メンバーと近しい数名にのみ話しました。

三一歳でのがん宣告でしたので、それはそれは落ち込みました。しかも、前年には、乳がんから始まった転移で、長年闘病生活を送っていた母をなくしたばかりでした。

手術自体は部分摘出で、拍子抜けするほど見た目の変化はなく、日常生活にもすぐに戻ることができました。大変だったのは、それからでした。転移は見受けられなかったものの、がん細胞を徹底的になくすため、抗がん剤治療を受けました。手術を終えた翌月から三週間に一回病院に通い、数時間かけて抗がん剤を点滴で入れる生活が始まりました。

点滴直後は一人で電車に乗って帰宅できるほどでしたが、数日後には起きあがるのさえつらくなりました。ようやく体調が戻ってきたと思ったら、また次の抗がん剤投与日がやってきます。二回目の投与を終えたあとに、髪の毛を始めとするあらゆる体毛が抜け始めました。治療とはいえ精神的、身体的なダメージは相当なものでした。全四回の投与を終えたあとは、髪も抜け落ち、体重は減り、鏡の前に立つのが苦痛でした。

それでも私がへこたれずに頑張れたのは、家族はもちろん、フィリピン人戦争被害者と元日本兵の存在があります。

毎年訪問していたフィリピンへは、どう頑張っても足を運べそうにありませんでした。病気のことをアレックスさんに伝えました。彼は家族に抗がん剤治療を経験した人がいると言い、私の状況を察してくれました。

抗がん剤が効き始める頃になると、きまって「体調はどう？」と携帯にメールを送ってくれました。食欲もなく、気持ちもふさぎ、返信の間があいてしまったときには、心配した様子で国際電話がかかってきたこともありました。それまで一度もなかったことなので、受話器からの声に驚きました。親身になってくれているのが、痛いほどわかりました。

抗がん剤治療がすべて終わったときには、

「これで直子はますます強くたくましくなったね。これから、やるべきことがあるんだよ。大丈夫。よくがんばった」

そうほめてくれました。彼の優しさに救われました。つらい闘病生活ではありましたが、ふり返ると心がほわっと温かくなるのは、アレックスさんのお陰です。もう一人、猪熊得郎さんの心遣いにも力をもらっていました。猪熊さんは一五歳のときに志願した元少年兵で、講演会で私から話しかけ、それ以降メールのやりとりをしていました。

私のことを実の娘のように可愛がってくれ、闘病中には絵文字入りのメールがたびたび携帯に届きました。私の身体を気遣って、健康食品や地元の特産品まで送ってくれました。

つらい時期であったことには違いないのですが、得がたい幸せな時間でもありました。周囲の人たちの優しさに触れ、少しずつ現実を受け入れ、前に進むことができました。

国際会議への出席

闘病生活が始まった年の九月にカナダで開催される国際会議にBFPが招待されました。主催は、第二次世界大戦中にアジアで起こったことを学び、記憶することを主旨とするカナダの団体でした。

前年、来日中だった団体幹部と知り合いました。「こんな日本の若者もいるのか」と希望を感じてくれたそうで、ぜひカナダ人の前で話をしてほしいという依頼でした。しかも、元日本兵にも一緒に証言してもらいたいとのことでした。

一瞬躊躇しましたが、九月ならちょうど抗がん剤治療も終わっている頃です。体調次第では、それほど無理なく渡航できると判断しました。なにか前向きな目標があったほうが、闘病生活を乗り切れるような気もしました。

元日本兵の猪熊さんが同行を快諾してくれ、二人でカナダ・トロントへ向かうことになりました。体調は万全とは言えませんでしたが、抜け落ちた髪の毛もはえ始めていました。

「忘れられた声――リビング・ヒストリー」というタイトルで開かれたこの会議は、四日間にわたりました。参加者はカナダ人の教員約三〇〇名のほか、アメリカ、

カナダ・トロント市、
2010年9月

た。

韓国、中国、日本などから戦争体験者、研究者、弁護士などが多数参加していました。

会議中、他国から日本への厳しい視線をいやというほど感じました。「他の国が日本をどう見ているか」を肌で感じられたことは、大きな収穫となりました。

全体会や分科会のどれに参加しても、日本に対するいきどおりを感じました。過去の戦争に話が及ぶと、元日本兵を「悪魔」と言う人までいました。

「日本は過去の行いを知っているのに向き合っていない。または、知らない。いずれにしても、被害国からしたら信じられない」

このような指摘が至るところから聞こえてくる、居心地の悪い数日間でした。

気づくと、「日本の状況をもっと知ってもらいたい」と熱望している自分がいました。自分の発表でも、日本の地方議会ではアジア諸国に対する公的謝罪や国家賠償などにつながる「誠実な対応」を求める意見書が可決された事例を報告しました。伝わっていないであろう、日本の姿をもっと知ってもらいたいと思いました。

しかし、小泉元首相の靖国参拝や、石原慎太郎元東京都知事の発言など、政治家により凝り固められた日本のイメージが定着していました。

猪熊さんは質問ぜめにあいました。日本兵の悪いイメージもあり、当事者が参加していること自体がみな信じられない様子でした。

元日本兵の思いをビデオ・メッセージと共に伝えた。トロントの国際会議。2010年9月

「なぜ参加し、発言しようと思ったのか」
という質問が相次いでいました。加害に向き合おうとする人は確かに存在しますが、「反省のない元日本兵」というレッテルがはられてしまっており、理解してもらうことだけでも大変でした。平和のために行動している人たちがいることを、もっと知らせなければと痛感しました。

また逆に、私たち日本人も相手のことを知る必要があります。
「たびたび謝罪しているのに、なぜアジアの国々から過去のことを言われ続けるのか」
という声を日本でよく耳にします。

この会議で中国や韓国からの参加者と話し、相手の立場に立とうとしない姿勢こそが、彼らの感情を逆なでしていることに気づきました。加害者の側は、よほど謙虚にならない限り、相手から信頼されることはないのです。

公式な謝罪を表明した後に繰り返される、それをくつがえすような有力政治家の発言。本気で謝罪しているのか、と疑われても仕方がないような実態があります。それを見ずに、「たびたび謝罪している」と主張することは、相手の気持ちに寄り添っているとは言えないでしょう。

また、たとえ謝罪があったとしても、「和解」に結びつくわけではないと考えさ

パネリストの元日本兵に注目が集まった。トロントの国際会議。2010年9月

せられる出来事がありました。会議の休憩時間に、六〇代の韓国人女性と意見交換をした時のことです。日本政府の正式な謝罪があれば前進できるか……という私からの問いかけに、

「歴史上のトラウマがあるからそんなに簡単なものじゃない。日本人が歴史を否定している以上、和解はありえない」

と即答されました。この気持ちをどれだけの日本人が自覚しているでしょうか。私自身、目が覚める思いでした。「和解」とは、政府が担うのみならず、一般市民にも問われていることだったのです。

被害者からは、日本政府の公式謝罪や補償を求める声が今も途絶えることはありません。日本政府も償いをしてきたとはいえ、残念ながらその罪の大きさを考えると、納得のゆく対応であったと言えず、今もわだかまりが残っています。

日本政府の謝罪や真摯な対応はもちろんのこと、さまざまな分野での具体的な行動が伴って、ようやく和解に近づけるのだと認識することができました。

同世代のドイツ人参加者に、自国による加害の歴史を認め続けることは果たしてできるものだろうか、と聞いてみました。

「難しいわよ。ときにはジレンマに陥る。でも、だからといってドイツ人としての誇りがなくなる訳ではないから」

トロントの会議場ではさまざまな交流が生まれた。2010年9月

そう確信に満ちた答えが返ってきました。「日本人の誇り――といっても考え方はさまざまでしょうが、良い面はもちろんのこと、過去の過ちにも目を向けた上で日本人であることに自信をもつ姿勢のことではないか、と私は考えています。

自国の加害の歴史をありのままに認めることができる人を増やせないだろうか。向き合いたくない過去を認めることが、あたかも今の日本をも否定する行為であるかのように錯覚する傾向があるが、そうではなく、前向きに受けとめる人を増やせないだろうか。彼女の話を聞いて、そう思いました。

この会議に参加したことが、大きな転機になりました。

ビデオ・メッセージから始まった探求は、日本が過去に起こした事実にきちんと向き合い、それを次世代につないでいくことだという結論に至りました。

私たちBFPが国に代わって被害者に対応することはできません。私たちにできることは、加害国である日本と被害国との間に「平和の懸け橋」を築き、二度と同じ過ちを繰り返さないように努力し続けること。私自身、初めてフィリピンを訪問するまで、被害者の苦しみを理解していませんでした。そのことを恥ずかしく思いましたし、被害者の立場に立てば許せないことです。自分たちの祖先がなにをしたのか、当たり前の教養として日本国中が知っている状態をつくることが大切だと思いました。

こうして、「過去の戦争を知り、未来のかたちを考えるきっかけをつくる」というBFPの進むべき道が定まっていきました。活動の柱は、「戦争体験者のメッセージ記録」と「ワークショップ」。すぐに成果はでないかもしれないけれど、この二つの事業をすすめることが戦後世代としての気持ちの表明になり、諸外国からも評価してもらえると確信した私は、帰国後この考えをBFPの中で共有していきました。

初めての中国訪問

フィリピンから始まったBFPですが、過去の戦争を考えた場合、中国を始めとする他のアジア諸国ともいつかは向き合わなくてはならないと思っていました。第二次大戦中、一一一万人もの人々が亡くなったというフィリピンの犠牲者数にも驚きますが、中国政府発表による中国の犠牲者数は二一〇〇万人。日本政府が出している数字でも一〇〇〇万人です。

初めて中国を訪問したのは、二〇一一年八月でした。中国へは一度も行ったことがなく、中国語もできないので、新たにプロジェクトを始めるにあたっては誰かの助けが必要でした。

インターネットで呼びかけたところ、幸運にも中国に対して思い入れがあり、か

トロントの国際会議に同行した元日本兵・猪熊得郎さんと著者。2010 年

つ人脈をもつ熱田敬子さんに出会うことができました。とんとん拍子に話は進み、BFPとして開催した初の中国ツアーは私たち二人以外に三人の会員からの申し込みもあり、第一歩としては申し分のないものになりました。

そのツアーでは日本にいてはなかなか得られない、中国に対する色眼鏡をはずすことができた気がしました。BFPという組織をつくり、フィリピンに通った七年間で相手を「知らない」ことが互いの距離を広げ、誤解を生んでしまうと感じていました。中国についても、マスコミの情報とは違う側面があると頭では理解していたつもりです。しかし、百聞は一見にしかずでした。

滞在中、自分の中にあった偏見がはがれていくのを感じました。

まず、到着直後から新鮮に感じたのは、素顔の中国人の様子です。初めて中国を訪問した私の脳裏には、反日デモに参加する中国人の様相が知らず知らず焼きついていたのでしょう。ニコニコと話しかけるホテルのベルボーイを意外に感じ、鼻歌を歌いながら町を歩く若者に驚きました。考えれば当たり前のことですが、それほどまでに偏見があったのです。そんな自分にハッとしました。

驚きは、心地よい中国理解へとつながっていきました。町を歩いていると、どこからともなく歌声や音楽が聞こえてくることがありました。たいていは公園の中から聞こえてくるものでした。老若男女が集い、歌や踊りを楽しむ姿を見て、私の中の中国人像が変わっていきました。

地下鉄に乗ったときには、日本ではよく図々しいと言われてしまう中国人の行動の背景がわかった気がしました。車内には常に通勤ラッシュ時のようにたくさんの乗客がいて、乗り込むのが大変でした。目的地に着いたら人をかき分けて降りなければならず、乗り換えのために進む通路は人であふれかえっていました。人口一三億人以上の人が住む中国では、自分を強く持たないと生きていけないのだと感じました。

中国人の懐の深さも、肌で感じることができました。中国に住んだ経験のある人や元日本兵から聞いていたことではありましたが、腑に落ちていませんでした。盧溝橋にある抗日記念館を訪ねた際、そのことが素直に理解できました。

記念館では、その名のとおり日本軍への抵抗の歴史が中心に展示されています。最初の展示室では満州事変が解説され、抗日を宣言する様子がドラマチックに描かれていました。別の部屋には南京虐殺のパネルもありました。しかし、聞いていたよりは冷静な展示だと感じました。

私が驚いたのは、最後の展示室でした。そこには、日中国交正常化など日中友好をテーマにした部屋が設けられていたのです。予期せぬ展示だったので、驚きと共に感心しました。日本では、中国政府の反日教育ばかりが強調されますが、そこで

盧溝橋の抗日記念館には、日中友好をテーマにした部屋があった。北京、2011 年

は和解や解決への方向性もしめされていたのです。

日本軍の憲兵隊本部だったという新文化運動記念館も訪ねました。そこには、憲兵隊本部との記述がどこにもなかったため、解説員に質問しました。

「私たちはもちろんその事実を知っていますが、今は正確な根拠に基づいて話をすることができません。言えばそれは推測です。こうした敏感な問題については、具体的な事実に基づいて話さなければなりませんし、推測で曖昧な話をすることがあってはなりません。日本軍関連の解説がご希望でしたら、事前にリクエストをお願いします」

不確かなことは説明しないという姿勢に感心したものです。

そして、もっとも私が意外に感じたのは、交流した数人の若者から、

「日本人とは、歴史について語りたくない」

と言われたことです。「歴史問題について、中国人から責められるのではないか」と私は無意識に思いこんでいました。いつそのような機会が訪れるかと待っていたようなところがありました。でも実際はその逆で、語りたくないと言われたのです。

つづいて彼らの口から出た言葉が、さらに印象的でした。

「日本人と歴史の話をして、お互いに嫌な気持ちになりたくない」

「ことを荒立てたくない」

たまたま立ち寄った画廊で意見交換する。北京、2011 年

と言われました。日本人への配慮が感じられるこの対応に、びくびくおびえているのは日本人側なのだという気がしました。もちろん、一週間という短い滞在で、交流した人数も少なく、この印象がすべてであるとは思っていません。

でもそこから、私たち日本人が抱える問題が見えてきた気がしました。色眼鏡で中国人を見ようとする背景にあるもの、びくびくおびえる裏側に隠されたものは、何なのかをしっかり考える必要があると感じました。

中国には日本の原宿と同じような若者の町があり、そこにはお洒落で洗練されたファッションを楽しむ姿がありました。それにもかかわらず、日本での報道は「遅れた中国」が前面に出されます。また、歴史問題で日本への配慮をみせる姿勢があるのに、メディアから流れてくる情報は反日の中国というイメージを植えつけるものが目立ちます。

それらは、成長を遂げている隣国に対するライバル意識ともとれますし、過去に対する後ろめたさの表れともいえるのかもしれません。

帰国後、中国ツアーの報告をしたワークショップで、

「争いのない社会は求めたいけれど、尖閣諸島の問題など、相手が力づくで襲ってくる場合はどうしたらいいか混乱しています」

という意見があがりました。

お洒落な街並みに bridge cafe の看板を発見。北京で，2011 年

交流を広げていけば、それほど大きな溝がないことに気づきます。でも相手を知らないと、不安に駆られ、恐怖心がつのってしまうのです。中国の研究者が、かつて私が出席したカナダの国際会議で次のように発言していたのが心に残っています。

「中国が他国を脅かしているという声があります。しかし、痛みを存分に味わった私たちが、どうして同じことを他国に強いることができるでしょうか」

フィリピン同様に、交流を深め、相手を知ることの大切さを痛感した中国初訪問となりました。

「対話」は可能か?

中国を訪問した翌年の九月末に、韓国へ行きました。中国と同様に、隣国である韓国を本当に知らなかったと自覚するところから始まりました。

スケジュールを組んで渡航を決めた矢先、在日韓国人の支援者から、

「その時期は、旧盆にあたる秋夕(チュソク)だよ」

と言われました。旧正月と並ぶ名節で、店の多くは休みになるとのことでした。韓流や韓国料理は知っているつもりでも、実は韓国のことをよく理解していなかったことを思い知らされました。日程変更も考えましたが、普段味わえない韓国の一面を知ることになるかもしれないと、予定通り出発しました。

ツアー中も、韓国を「知らない」のだと度々感じました。逆に、韓国人の方が日本について詳しいことに驚きました。交流した人たちがたまたまそうだったということもありますが、日本の映画や漫画などは、私よりくわしいと思うほどでした。高校の授業で日本語を選択できることもあり、日本に行ったことがないという学生でも、日本語が上手でした。

韓国も反日だと言われることが多いですが、若い世代は日本への強い関心をもっていました。それは、日本の韓流ブーム以上のものでした。

歴史の話になると、前年に北京で話したときと同じく、

「日本人に嫌な思いをさせてしまうかもしれないから、歴史問題はあまり話さないようにしている」

と話した女子学生がいました。日本に留学経験もあるのですが、日本では友人ができてもなかなかそういう話はできなかったそうです。

彼女は、韓国で領土問題が連日のように報道されていたときに、「日本人は乗せない」と話したタクシー運転手に、

「そんなことをしたら、逆に韓国が嫌われてしまう。そういう態度はやめたほうがよい」

と諭したと言っていました。

韓国の同世代と語り合う。2012年

このように、ひとくちに「韓国人」と言っても、いろいろな立場や考えの人がいます。メディアの情報だけに頼ることなく、出会う人たちとその都度向き合っていくことが大切だと感じました。

日本に帰ってから「韓国へ行ってきた」と話すと「あぶなくなかった?」と聞かれました。

領土問題について連日の日本の報道に触れていれば、

「なんとなく怖い」

という感情が出てきてしまうのかもしれません。この「なんとなく」という感情が、互いの気持ちを遠ざけてしまう原因だと思いました。

一つの側面だけではなく、大局的に見ることが重要ではないでしょうか。特に歴史問題になると、先入観のみで見てしまうことが多い気がします。日本でも韓国でも同じだと感じました。

ツアーの中心的存在であり、韓国通の中村潤一さんの提案で訪問したソウルの南にある天安市の独立記念館は、侵略がテーマでした。その規模は驚くほど大きく、ここを見学したら日本人のことは嫌になってしまうのは当然だろうと感じました。展示は豊臣秀吉の朝鮮出兵から始まりますが、その後江戸幕府を開いた徳川家康公の記述はありませんでした。家康公が朝鮮通信史を手厚くもてなした結果、関係が改善したことなども伝えてもらいたいと思いました。

敷地内に、朝鮮総督府の建物の廃材が残っていると聞き、見に行くことにしました。大変立派な建物だったと聞いていたことや独立記念館全体が素晴らしく整備されていた場所だったこともあり、どのような展示かと思って足を運びました。

しかし、期待とはうらはらに、近づくにつれなんとも物寂しい雰囲気が漂ってきました。本館から離れた場所にあり、歩くには遠いと感じるほどの距離感でした。他の場所はきちんと清掃されているのに、目的地に続く階段は欠け落ち、展示というより雑然と放置してあるだけというような印象を受けました。

一瞬驚きましたが、でもすぐに思い直しました。韓国の方々にとっては、憎むべき時代の、もっとも象徴的な建物。それが丁寧に展示されて残っていると思うほうが間違っているのです。立場が異なれば、見えてくる風景が異なるのは当たり前のことです。

相手の立場に立って物事を見て、感じることが大切なのだと思いました。そのためには、「対話」が新たな関係性を築く一歩になるかもしれないと感じ始めました。

翌年の二〇一三年七月末に実施した二回目のツアーでも、対話の重要性を改めて感じました。参加者六人のうち、都合がつく人は延泊をして「歴史ＮＧＯ会議（使用言語は英語）」に出席しました。

その国際会議初日には、韓国人六人と日本人の私たちがペアになり、歴史をテーマに英語で対話をするというプログラムに参加しました。「対話」の重要性を説くアメリカ在住の夫妻が、インターネット電話で司会を務める形で行われました。このとき使われた手法は相手が話しているときは口をはさんだり、次に話す内容を考えたりせず、とにかく「聴く」というものでした。相手の意見をじっくり聞くことができましたし、私も余裕をもって話せたので、ペアになった女子学生と充実した時間を持つことができました。

「歴史認識」や「歴史教育」は、面と向かって話しづらいというのが正直なところです。でも、それがテーマの場だったので、最初からお互いに心を開いて対話ができました。互いに驚いたことは、歴史教育の違い。それも、両国では歴然とした「差」がありました。

韓国では歴史の授業の他、「近現代史」の授業があると教えてくれました。かたや日本は、「近現代史は受験に出ない」というような理由で駆け足で終わってしまいます。それ一つとっても、認識が違うのは当然だと互いに驚きつつも納得しました。

「はっきりした記憶はないけれど、物心ついたときから、誰からともなく日本人の蛮行について聞かされていた」

歴史NGOの会議においておこなわれた日韓の「対話」。慶熙大学で、2013年

と聞いたときは、ショックを受けました。相手がどう見ているのかを知る必要があると同時に、積極的に自分たちの状況を伝えていく努力をせねばと感じました。韓国が反日教育をしていると非難するだけでは、物事はなにも進んでゆかないと思います。まず相手の話を聞き、そこから新しい未来をどのように生み出してゆけるかを共に考えていきたいと思いました。

国際会議では、会員の夏井佑来さんと私が発表しました。夏井さんは、昨年の韓国ツアーに続きソウルで行ったフリーハグについて発表し、その様子をまとめた映像を流しました。フリーハグとは、見知らぬ人と道端で抱き合うというアメリカ発祥の試みです。私たちも、日韓友好を示すボードを画用紙で手づくりし、街頭に立ちました。韓国でフリーハグをするというのは一見無謀な挑戦にも思えましたが、やってみると温かい視線を投げかけ、手を広げて近づいて来てくれる多くの素敵な出会いがありました。その様子を映像で見た韓国人から拍手が湧き、中には涙する人もいました。

私の発表でも、多くの人がBFPの活動に興味を示してくれました。たくさんの質問も出て、それらの発言から活動を評価してくれている気持ちが伝わってきました。発表から数時間後に、別の場所で私を見つけて駆け寄って来てくれた学生がいました。

ソウルの繁華街でフリーハグを試みる夏井佑来さん。2012年

ＢＦＰを知って、このような活動が日本にあるということに大変驚いたこと。自分たちも、偏見にとらわれず日本のことをもっと知る必要があると感じたこと。ＢＦＰの存在をとても頼もしく思ったこと。そんなことを、わざわざ伝えてくれたのです。

韓国でもメディアなどの影響により、「日本人といえば、過去の戦争と向き合わず否定する人たち」というイメージが定着してしまっているようでした。それらを払拭するためにも、対話は欠かせないと思いました。

そうして迎えた、五日間にわたる国際会議の最終日に思いがけないことがありました。学生の一人が、丁寧な日本語の手紙をくれたのです。受付を担当していた女性で、ＢＦＰの活動発表を見ていた人でした。

> BRIDGE FOR PEACE は今回、初めて聞きました。
> こんな活動が続ければ、過去と現在間の BRIDGE になって、それが PEACE に導く力になれると思いました。そして、こういうことをしている Naoko さんたちを見て本当に素晴らしいと思いました。私も私なりに、韓国の大学生としてできることをしながら応援したいです。みなさんとお会い出きてうれしかったです！

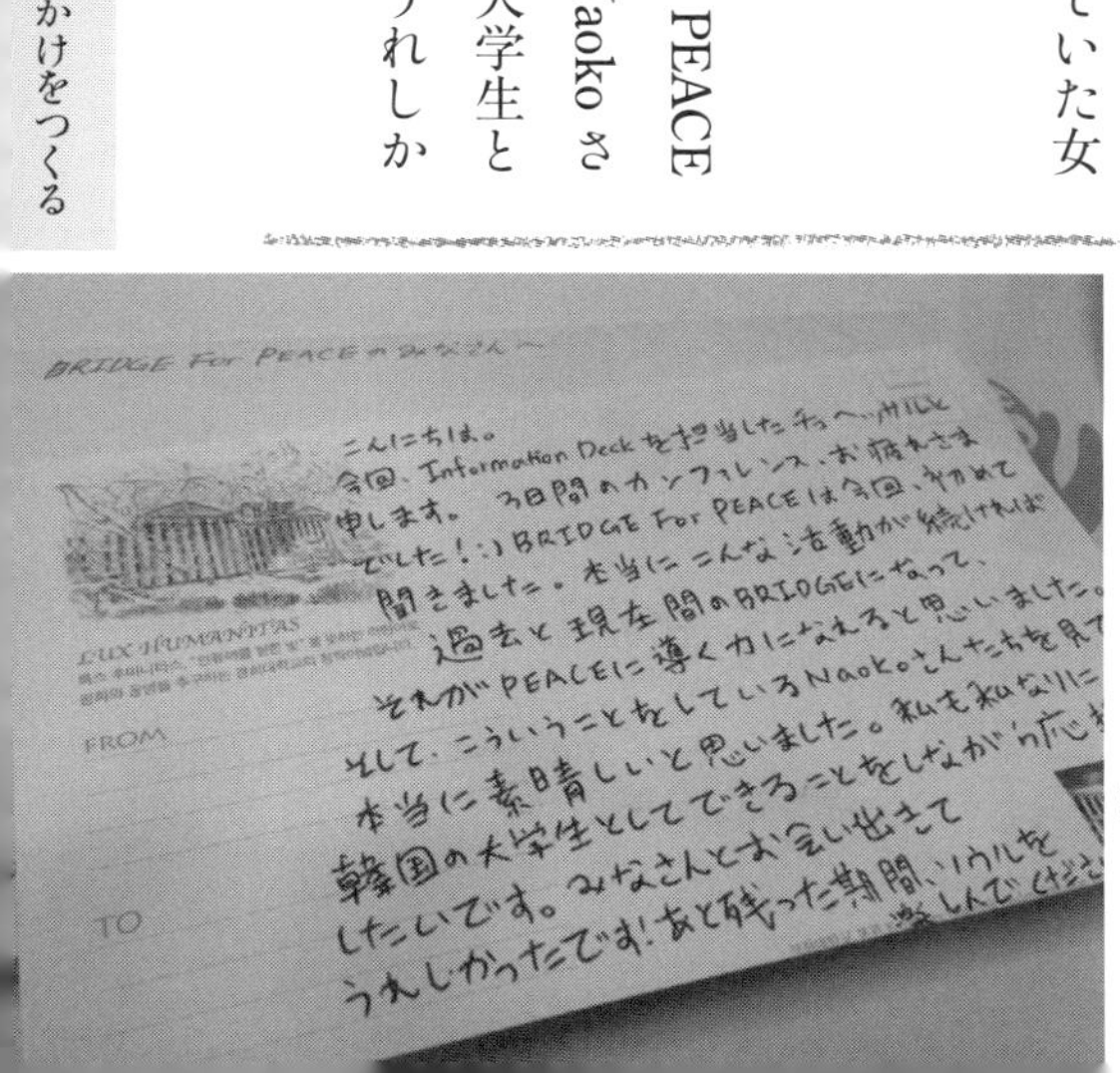
BRIDGE For PEACE のみなさん～
こんにちは。
今回、Information Deckを担当した…
申します。3日間のカンファレンス、お疲れさま
でした！BRIDGE For PEACEは今回、初めて
聞きました。本当にこんな活動が続ければ
過去と現在間のBRIDGEになって、
それがPEACEに導く力になれると思いました。
そして、こういうことをしているNaokoさんたちを見て
本当に素晴しいと思いました。私も私なりに
韓国の大学生としてできることをしながら応援
したいです。みなさんとお会い出きて
うれしかったです！あと残った期間、ソウルを
楽しんでください

韓国の学生からの手紙。2013 年

これを読んだとき、思わず熱いものがこみあげてきました。会議中は日本政府の姿勢などを非難する声がいやでも聞こえます。知らず知らず気張っていたこともあったでしょう。このような言葉をかけてもらい、緊張の糸が切れるようでした。

歴史認識の深い溝を埋めるのは、思っているほど難しいものではないのかもしれません。元日本兵の廣瀬さんが言うように、「戦争は人災」です。人間がつくってしまった溝は、人間にしか解決できません。寄り添い、歩みよれる可能性は大いに残されています。

BFPの存在が必要なくなる日まで

中国、韓国と対話の場を広げつつも、毎年二月にはフィリピンへ出かけるようにしていました。二〇一〇年のツアーだけは私が治療に専念するため実施しませんでした。そんな私をアレックスさんの他にも、マニラ市街戦の遺族が組織するメモラーレ・マニラの方々など多くの方が心配してくださいました。

メモラーレ・マニラの主催者であるエドガー・クローンさんとは、二〇〇八年に現理事の中野聡さん（一橋大学教授）の紹介で初めてお会いしました。マニラにあるクローンさんの事務所を訪ね、戦時中のことを聞かせてもらって以来、ツアーで

手紙をくれたヘッサルさんと著者（左端）

訪比する際は必ず訪ね、食事をし、プライベートな話もするようになっていました。

闘病生活も落ち着いてきた頃、二〇一一年のツアーについて相談しました。すると、マニラ市街戦の追悼式典に招待されました。それまで、公式参加した日本の団体はないとのことでした。毎年招待状を送っている日本大使館からは一度だけ出席（山崎隆一郎大使。二〇〇六年）があったものの、それ以外は残念ながら返事がないと嘆いていました。

二〇一一年二月一九日、初めて出席した式典にて、ツアー参加者六人で献花をし、スピーチをしました。特に大学生二人が話したときの参加者の温かな視線は印象的でした。

「彼らは未来だ。ＢＦＰには希望がある」

と、皆さん嬉しそうでした。終了後には現地のマスコミ関係者に囲まれました。日本の団体が出席したインパクトは大きなものでした。

式典後のシンポジウムで、メモラーレ・マニラのメンバーである著作家のベニト・レガルダさんは次のような講評をしてくれました。

「かつて外交官だったときに日本人とも交流したが中身のないつきあいだった。ここにいる日本人は市街戦の慰霊碑に献花し、フィリピン人被害者の証言も記録に残していってくれる。彼らによって初めて比日間の真のコンタクト（接触）が成し

マニラ市街戦の追悼式典に招待され、会員の篠塚辰徳さんと献花した。マニラ、2011 年

遂げられたと思う」

相手の立場に立って、二度と同じ過ちを繰り返さないように努力することが、戦争を知らない世代の役割ではないかと考えてきました。その気持ちが伝わっていたことがわかり、嬉しく思いました。

それ以降、毎年招待を受けています。二〇一四年は息子を出産したばかりだったので、二〇代の最年少理事・畑江奈つ希さんにリーダーを任せ、理事の淺川和也さんと二人で出席してもらいました。

そのときの畑江さんのスピーチに、その場は温かい空気に包まれたと聞きました。

「とても感動的なスピーチだった」

と、日本にいた私にも主催者からメールが届くほど、彼女の発言は人々の心を動かしたようでした。

活動当初は、どうしても「神直子のプロジェクト」という印象が拭えなかっただけに、ここから脱皮しないと組織の発展はないと思っていました。特に、法人化後は私ばかりが動きすぎぬよう心がけてきました。

その甲斐あって、法人化後五年で二〇代から九〇代までの多くの方々が会員登録し、支えてくれるようになりました。二〇一四年九月二八日には、ＢＦＰ一〇周年イベントを開催しました。当日の参加者であり、設立当初からずっと見守ってくれ

スピーチをした畑江奈つ希さん。マニラ、2014年

ている支援者の長谷川宏さんは
「誕生時は神直子さんの一人プロジェクトのような感じだったのが、賛同・共鳴する人が増え、若き後継者も育ちつつあるそのさまは、ひとつの家族の成長の歴史を見るようで、わがことのように嬉しくなります」

と、自身のフェイスブックに書いてくれていました。

私の病気治療とともに法人として再スタートをきったBFPですが、少しずつ組織としても形になってきたと感じています。一〇周年イベントの直後に受けた定期健診では、がんの再発も見られず、一つの大きな山場と言われていた五年のめどは無事にクリアすることができました。

法人化後は毎年達成目標を設定し、それに向けて活動を進めてきました。その結果、二〇一五年現在、約二八〇名の戦争体験者のメッセージ記録を収録することができ、それを用いたワークショップの開催総数は、約三〇〇回に及びます。

特に学校でのワークショップ授業に力を入れ、実施した学校数は五〇校を数えるまでになりました。被害者にとって、戦後世代が「忘れている」または「教えられていない」ということが、どれほど不信感を募らせ、二次的な被害を与えてしまうかということを学生時代に実感しただけに、この事業は今後もしっかり続けていきたいと考えています。

取材チームの一員として活躍した松村真一郎さん（右端）は、大学卒業後新聞記者になった

異なる意見が出会い、参加する一人ひとりによって相乗効果がもたらされる「ワークショップ」を通して、過去の戦争を当たり前の教養として身につける人が日本国中に広がれば、他国からのまなざしも変わるでしょう。いつの日か、被害を与えてしまったアジア各国と共通認識を持てるようなときがくれば、それは新しい時代の幕開けと言えるかもしれません。私が生きている時代には難しくとも、そんな日が必ずやってくる。そう信じて、ＢＦＰが必要とされなくなるまで、続けていくつもりです。

全国各地に広がりを見せるワークショップ授業

6章 今の時代に大切なこと

まずは想像力をもって、過去から学ぶこと

振り返ってみると、ＢＦＰを通して得た一番の収穫は、「戦争はやっぱり嫌だ」と心から思えるようになったことです。実体験を聞く機会に恵まれ、想像することすら難しかった戦争が身近に感じられるようになり、戦争の悲惨さや通常ではありえない心理状態が少し理解できるようになりました。

話をおききした戦争体験者の中に、「もう一度戦争を体験したい」と言う人は一人もいませんでした。「同じ体験を誰にも繰り返してほしくない」と訴えられたことは、とても大きなメッセージであると受けとめています。

「戦争を知らんもんが、また戦争を始めようとしている。でも、体験してない人には本当の戦争は分からないんじゃないだろうか」

戦争体験者の多くは、今の状況を心から憂えています。

五年間軍務に服した上等兵は、手記にこう書いていました。

その青春と生命をかけてひたすら国家に奉仕してきた私達はいま世代交代の渦中にあります。そして戦争を振り返る時誰もが『このままでよいか』と考えます。私達大正世代が生き続ける限り戦争は起こらないでせう。一度火傷をした子は決して火に手を出しません。

今も戦争抑止の最大のものは私達が生きて居るからだと思って居ります。然し、私達の子である昭和二桁の人達は戦争を知りません。私達は世代交代に際しては戦争の恐ろしさ、悲惨さを語り伝える義務があり、その子から孫に語り伝えてほしいのです。異国で或いは原爆で亡くなった遺族の方も、生き残った人達もみんながそれを望んでいます。あの戦争を語り継ぐ事は将来共に大きな戦争抑止の力となるでせう

国に身を捧げることに憧れを抱いている人は、戦争になるとどんな目に遭うのか十分に想像できていないのかもしれません。戦争もやむなしと思っている人は、戦争のない社会をイメージする力が乏しいのかもしれません。これまでの社会は戦争があってこそ成り立っていたのだから必要悪だと唱える人は、既存の社会システムに単に縛られているだけかもしれません。

すべてに共通するのは「想像力」の欠如です。

前述の通り、同じ体験をまたしたいという戦争体験者は一人もいませんでした。彼らが口を揃えて「二度と同じ経験を誰にもしてほしくない」と言うならば、戦後世代の私たちはその背景をしっかり考えなければならないと思います。

体験したら避けるべきと考え、体験してないと戦争もやむなしと言うならば、ありったけの想像力をつかって過去と向き合う必要があります。過去から学び、戦争のない世界をイメージし、どうすれば戦争を避けられるかという議論を前提とできるような状況が求められています。

ＢＦＰを通して、「想像力」は他者の体験に寄り添うことでも養うことができると確信しました。戦争体験者の高齢化が進む中、記憶を引き継ぐことができるのはあと数年かもしれません。残された時間は少ないですが、今こそ耳を傾けることが求められています。

戦後世代の私たちは過去から学び、未来に活かすことができます。戦争のない社会を切り拓くためには、まず過去の体験から真摯に学ぶことから始まるのではないでしょうか。未来の舵取りを誤らないためにも、過去に向き合う必要があります。最初は話すことに拒絶反応を見せていた元日本兵も、こちら側に聞く気持ちさえあれば「話したい」という気持ちを持っていることに気づきました。

表面上は、「若い人には話しても分からない」と後ろ向きな発言をされたり、「老人のたわ言」と照れ笑いしながら話す人もいました。

「知ってもらいたいとは思うけれど、経験してないとわからないと思う」

そう考え、復員後は学校の先生をしながらも、生徒たちに戦争の話をまったくしなかったという人もいました。

「孫に戦争の話をすると化石のようなことを言うな、とけなされた。それ以来話せなくなってしまった」

「娘に『そんな大げさな作り話しないで』ととがめられてしまいました」

そんな話しも耳にしました。

取材後、次のような手紙を元学徒兵が送ってくれました。

若いあなたとお話ができて、私も久々に昔話ができ、学生の延長のような気分になりました。この歳になっても、他のことは昨日聞いても今日は忘れるようなボケた私でも、六〇年前のあの悲惨な戦争のこと、戦友のことは今でもはっきりと覚えています。

家内や家の若い者に昔のことを話しても、何がなんだか判断がつかない者ばかり。しかし、あなたと話して気持ちがすっきりしました。あなたの様な若い

元学徒兵に取材する
大学生メンバー

人に聞いてもらいたい。私をはじめ、学徒のなれの果ては皆、心の中でそう思っています。

若い世代が「語り継いでもらっていない」「話してもらっていない」のではなく、やはり戦争体験を受け継ぐ側も決意をもって「聴く」という姿勢が大切だということも、活動を通して学んだことです。

『何で言わへんねん』、と言われるけど、『何できいてくれへんねん』と思う。戦争体験を言うても、聞き取ってくれるアンテナがなかったら、なんにもならないですよ」

そう胸の内を語ったのは、ＢＦＰ最年長会員、池田幸一さんでした。元兵士が語らないことについて、他にも思い当たることがあります。日本での上映会で、五〇、六〇代、つまり戦中派の「子ども」世代から「なぜ、もっと突っ込んで話を聞かないのか」との指摘を受けたことがあります。

昭和五三年生まれの「孫」世代にあたる私にとっては、元日本兵を糾弾したり非難したりすることよりも、客観的にありのままの生の声を聞かせて頂くことの方が重要でした。生きるか死ぬかの極限状況の中で、紳士が鬼になり人間性が失われること。徹底した軍国教育に疑問を抱かなかったこと。命令に背くことは死を意味し

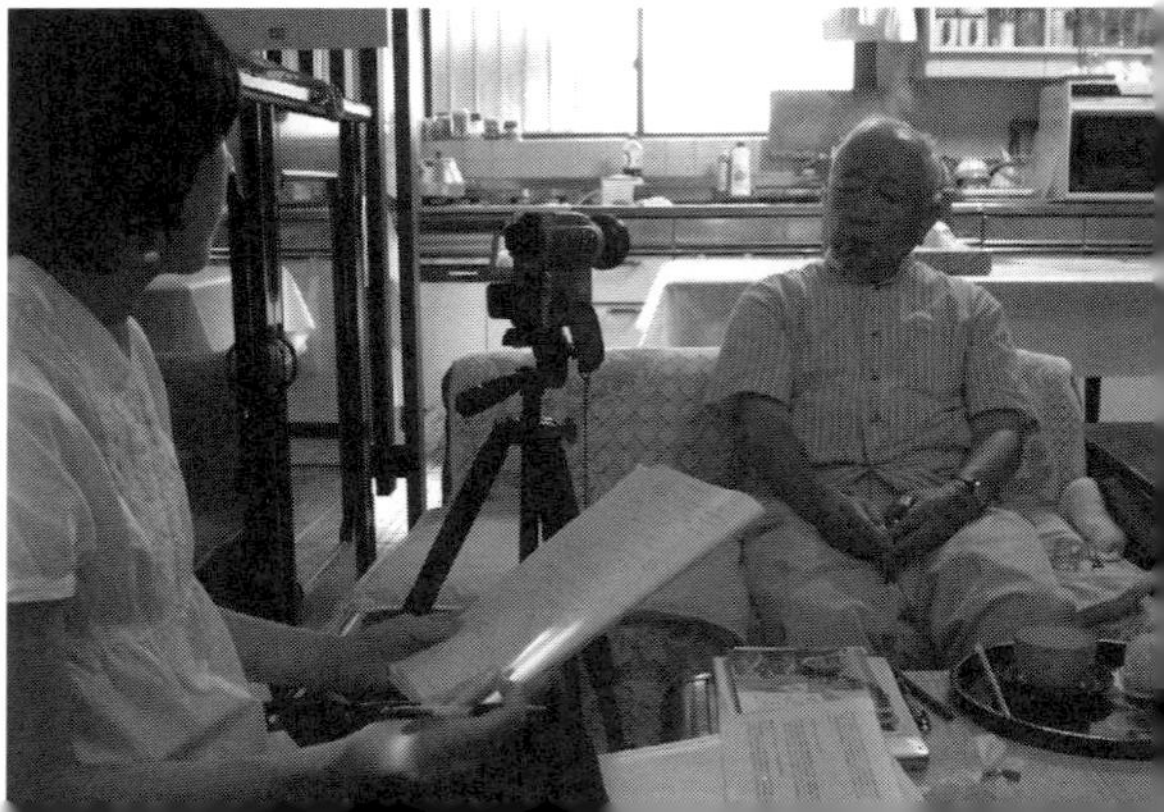

「何できいてくれへんねん」と嘆く元日本兵の池田幸一さん

たことなど、私は戦時中の事実が知りたいと思って取材を続けてきました。

もちろん、彼らが加害者である事実は変わらないので、そういう点では厳しい目も持ち合わせてきたつもりです。ただ、誰がどのような虐殺行為を行ったかよりも、戦争が起きるとどのようなことが起こってしまうかを知りたいと思っていました。戦争責任を一兵士に問うのは酷ですし、口をつぐんでしまうのは当然です。

「子ども」世代すべてに戦中派を責める気持ちがあるわけではないと思いますが、「子どもは『戦争を知らない子どもたち』という歌をうたい、反戦を唱え、なぜ戦争に反対しなかったのかと私を責めました」

とこぼした元日本兵がいたことも事実です。

戦争体験世代が語らないのは、彼らだけの責任ではないと考えるようになりました。話したくても、話せない。そんな状況もあったのではないかと推察できます。

ＢＦＰを始めた当初、どの世代も戦争のことを知らないことに驚きましたが、このような背景も手伝っていたのかもしれません。

「聞いていいのだろうか」と躊躇する戦後世代にも多く出会いました。ＢＦＰについて話すと、「取材してみたいとは思うけど、どこまで質問していいのかわからない」という人もいました。身内に戦争について聞いたことがあるか、と聞くと、「聞きたかったけど、切り出せなかった」

という声も寄せられました。

このように複雑な人間関係が、戦争体験者と戦後世代の相互理解を一層難しくしてきたのかもしれません。

二〇一四年二月末、ソチ・オリンピックで日本中がもりあがっていたとき、池田幸一さんがあるメーリングリストに投稿されました。このような思いを、戦後世代は果たしてきちんと受けとめてきたでしょうか。

（前略）

いつ戦争が起こっても不思議でない一触触発の危機にありながら世の中は無関心、テレビの前でメダルの数に夢中とは如何なものか。戦争の残酷さを知り尽くした老兵たちはこの際一斉に立ち上がり、なぜ国民に向かって警鐘を叩かないのか、安倍政権の〝いつでも相手になってやるから、やれるものならやってみろ〟と言わんばかりの喧嘩腰は戦前の我が国と同じこと、この強がりがいかに危険であるかを国民に訴え続けるべきです。

何はさておき戦争だけは真っ平御免、いま我が国は争いの根を断つことに全力を尽くすべきであります。前の戦争で我が方は軍民合わせて四〇〇万人以上を失い、中国をはじめ二千万人を超す多くの人々を殺傷致しました。しかしながら核兵器の出現以来今からの戦争はとてもこの程度で済むものではありません。国土もろとも全滅、双方ともに二度と立ち上がれない亡国の苦しみを舐める事でしょう。

しかし敵が攻めてくればどうするつもりか？〝親子兄弟を守るためには総力挙げて戦わねばなるまい。国の誇りを守るためにはいったい誰が守ってくれるのか〟のお言葉が返ってくるでしょうが、そうはならないように相手と仲良くするのが我が国の進むべき道であり、ましてや戦争や武力の行使を放棄した我が国は、憲法の掟に従って反戦平和の道を厳守すべきであります。

このように語ってくださる元日本兵の声に真摯に耳を傾けることで、これからの未来のかたちをたくさんの人と共に考えていきたいと思っています。直接話きけるのはあと数年でしょう。未来世代に「なんできいておかなかったのか」と責められないためにも、まずは想像力を持って、過去から学ぶ姿勢が、戦後世代の私たちに求められています。

アジアの隣国とどう付き合うかは、実はシンプル

「日本への風あたりの強い韓国や中国と、正直どう付き合っていったら良いかわ

からない」

と、もちかけられることがあります。仲良くしていきたいとは思っているものの、物心ついたときには既に国としての関係がぎくしゃくしていた世代からの問いかけです。

友との喧嘩でもそうですが、相手の心が穏やかになるまでは、懸命に過ちを認め続ける姿勢が真の友情を築くことにつながると思います。具体的には、相手国が過去のことでわだかまりを感じているのであれば、たとえ戦後世代であっても、事実と向き合い、非は素直に認めることが必要です。それは決して自虐史観でも、左翼的でもなく、むしろ国を愛するからこそであると私は思います。

愛国心には二種類あると思います。ひとつは、善悪の判断を抜きにして、なにがなんでも祖国は正しいとする考え方です。もうひとつは、過去の過ちにも向き合い、それを含めて祖国を愛する姿勢です。

私は、後者の方が、祖国に対して自信を持つことができると感じています。個人の性格でも、自信のある人は自分の非をも素直に認められる人が多いと思います。自信のない人は相手に責められることにおびえ、防御反応を示すことが多いようです。

一部の人から指摘があるように、反日感情が中国政府によって政治利用されたり、韓国では過剰な反日教育をしているという一面はあるかもしれません。ただ、たとえそうであったとしても、日本が自国の過去と向き合わないでよいという言い訳にはなりません。相手の非を指摘する前に、どんな被害を与えたのか、まずは自分たちが事実に向き合う必要があります。それを怠り、ときには見て見ぬふりをして相手を責めるだけでは、良い関係など築けるはずもありません。

何度謝れば済むのかと言う人もいますが、有力政治家が問題発言を繰り返せば、謝罪を真摯な気持ちとして受けとめてもらえる訳がないことを自覚しなくてはならないと思います。政権が変わるたびに、解釈を変えていくのも信頼を失わせる行為に他なりません。

韓国人の友人が、

「ただ過去の歴史を認めて謝ってくれさえすればいい。それだけでいい。日本はこの点以外は本当に優秀で勝ち目のない素晴らしい国だと思っているのに、なんで認めてもらえないのだろう」

と、不思議そうに口にしたことがありました。

大学へワークショップ授業に出かけると、時おり中国や韓国からの留学生がいます。先日も授業後に回収したレポートに、数名の韓国人留学生の名前を見つけました。そこに書かれていた言葉が印象的でした。

韓国には代表的に日本軍慰安婦の問題や労働力として強制連行された人々が多く存在しています。その人々が多分日本にほしいのは、お金的な補償だとは思いません。きちんと政府が、その人たちに言葉として、行動として謝罪することを願うと思います。また戦争に係った子孫たちは、何も言わず、今でも政府の高い位置に立ってその人たちに対して悪口をしていますが、このような行動は逆に海外で生活している自国民の安全性を低くする行動につながることだと思いますし、企業のビジネス的にも望ましくないと思います。

韓国の被害者は、日本について一つだけを願っている。それは金ではなく、自分たちの誤りを認め、謝ることだけである。それがそんなに難しいことなのであるかと私は考える。また、どんな理由があっても人を殺すのがダメな行為であるのを忘れてはいけない。日本が今よりもっとグローバル的な国になるためには、昔の歴史を忘れて新しく始めるのではなく、昔の歴史に誤ったことから一つずつやり直しながら行くべきであると思います。韓国の言葉では「歴史を忘れた国には未来はない」があります。

「日本への風あたりの強い韓国や中国と、正直どう付き合っていったら良いかわからない」という問いに対する答えは、実は単純でシンプルなことなのだと思います。

まずは、彼らの気持ちを真正面からしっかりと受けとめることです。相手の理屈や状況への非難からはいるのではなく、とにかく「聴く」という姿勢が求められていると思います。その上で、どうしたらより良い未来を築いていけるのか「対話」を深めていくことが大切なことではないでしょうか。

国としての姿勢が一貫していれば国民同士もつきあいやすくなると思いますが、一筋縄ではいかない現状があります。BFPで二〇一三年に二回目の中国ツアーを実施した際、ちょうど領土問題が過熱している時期でした。

「今回のワークショップ実施は避けたほうがいい」と中国の協力者から連絡が入りました。「民間外交」の無力さを痛感させられたものです。それでもなお、大勢に巻き込まれることなく、一個人としてできることをあきらめてはならないと思います。

自由と民主主義を手にしていることを、もっと自覚する

二〇一四年一一月二一日、突然衆議院が解散されました。

アベノミクス解散と呼ばれ、あたかも経済政策が焦点のように言われましたが、平和が保たれなければ、普通の生活すら叶わないものになってしまいます。

そのような思いの下、鈴木佑輔副代表理事の発案で、急遽『「いつか来た道」を再び辿らないために、今できること！元特攻隊員と未来を考えるBFPワークショップ』を開催しました。

たった四日の告知期間でしたが、三〇人以上の申し込みがありました。他に、先約があって参加が叶わないという連絡や、関西からも行きたかったというメッセージが寄せられるほどでした。

元特攻隊員の岩井忠正さんの話で心に残ったのは、「自由と民主主義を手にしていることを、もっと自覚したほうがいい」ということでした。

岩井さんは慶應義塾大学在学中に学徒出陣で海軍に入隊しました。心の中では体制に批判的であっても、治安維持法があったから口にはできなかったと言います。反対せず戦争に加担したことへの反省に立ち、九四歳のいまもさまざまな場所で講演活動をされています。

「積極的な協力ではなくてもね、なにも言わない、本心を言わない沈黙による協力というのがあると思う。沈黙は中立ではないですよ。ひとつの協力なんだ。僕はそういう失敗をしたから、傍観者にはならないぞという覚悟をしています」

元特攻隊員の岩井忠正さん。2014年

「戦前に状況が似てきたとは言うけれど、国民が権利を持っているという点で昔と全く違います。選挙権があります。自由と民主主義を手にしていることを、もっと自覚したほうがいい」

そして、翌月に控えていた解散総選挙への参加を呼びかけました。

実際の投票率は、戦後最低の五二％でした。投票しなかった町の声をテレビで見ると「投票したい人がいなかった」「誰に投票したらいいかよくわからない」「意味のない選挙だと思ったから」というものが目立ちました。それはまさに、岩井さんが指摘された「協力」だと感じました。このことをどれだけの人が自覚していたでしょう。

「政治や戦争の話はしづらい」という声をよく耳にします。

ＢＦＰに集うメンバーですら、職場で同じような話はできないと言います。多くの人が、こうして自粛しあっているのが今の日本の実情ではないでしょうか。

戦時下と違って、今はなんでも自由に語れる時代です。意見を述べても、今のところ憲兵につかまる心配はありません。選挙権もあります。岩井さんが話していたように、このことをもっと強く意識すべきではないでしょうか。

「私一人が動いたってどうせなにも変わらない」と思う人もいるでしょう。私自身もそういう思いに駆られないわけではありません。

でも、皆がそう思ってしまったら、事態は一向に変わらないでしょう。一人では難しくとも、皆が動いたら社会は動き出し、変わるのです。

「戦時中、手をつないでなにかをやろうということをしなかった。個人的なことではなくて、みながそうだった」

岩井さんの言葉が、背中を押してくれるのです。

「住みたい未来」をイメージする

ある大学の授業で、「五〇年後の未来」について想像するグループワークをしたことがあります。

その結果は悲惨なものでした。戦争はなくならないし、世界の貧困もなくならない。日本はアジア各国と和解ができず、溝が深まる一方。そんな未来が描き出され、学生も愕然としていました。

輝かしい未来を具体的に想像できていなければ、それをつかむことができるはずはありません。想像力を働かせ、どうしたら自分が住みたい未来に近づけるのかを、たとえ現実には実現不可能にみえるとしても、考えることは大切です。

「誰かが変えてくれるだろう」という受身の姿勢では、世の中が変わることはないのです。

理想の社会を具体的にイメージし、なにが自分にできるだろうかと一人一人が考えるのは大きな意味があると思います。家族や友達と話す。考えを誰かに伝える。そんなささやかなことから始めるのが大切です。

あきらめからは、何も生まれません。「未来は自分たちの手で変えられる」「こんな未来にしたい」――そんな意識と具体的なイメージを持つ人が増えたら、社会は、世界はもっと良くなるでしょう。

私がもっている具体的なイメージは、「奪い合いの思想」を絶つことです。人類は資源確保のために、領土拡大のために、他国を侵略してきました。それが世界の常識だった時代は、その思想から抜け出すことは困難なことであったでしょう。日本も例外ではなく、明治維新後、欧米に追いつき追い越せと覇権主義の道を突き進んできました。

しかし、戦争がもたらす傷はあまりにも大きいものです。被害者のみならず、加害者にも深い心の傷を残すのです。

それぞれの土地で、今手にしているもので満足していたら争いは起きないはずです。奪い合いがもたらした悲劇は歴史に数多く存在します。それにもかかわらず、人類は今も奪い合いのための戦争を続けています。

かつての日本では自分の集落で取れるものを、生態系を壊さぬようにその日食べる分だけ確保して生活していた時代がありました。生活を今さら昔に戻すことは現実的ではありませんが、そこから「質実」を学ぶことはできるはずです。

人類は、どこに行こうとしているのでしょうか。発展、成長、前進が奪い合いを引き起こすのであれば、私はそのレールから降りてしまいたいという思いに駆られます。一直線に前に進む考え方だけが正しい道であるとは思えないからです。

日本が戦争をやめ平和の道を歩み始めた日

二〇一五年現在、世界では今もなお、対テロ戦争など各地で争いが続いています。日本人も人質にとられました。日本もテロの対象に名指しされました。

「武力では何も解決しない」

「盾は矛を呼ぶ」

これは元日本兵が口をすっぱくして私に教えてくれたことです。どうして今のような状況になっているのか歴史をきちんと振り返り、対話することを前提とした解決をこれからの人類の将来のために求めていきたいです。たとえ夢物語だと言われようとも、イメージを強くもって信じ、行動し続けます。

ＢＦＰでは、戦争の起こらない日本であり続けるというイメージをもつために、毎年八月一六日、敗戦記念日の翌日を「日本が戦争をやめて平和の道を歩み始めた日」として、イベントを開催していくことに決めました。二〇一五年八月一六日は、平和を守り続けて七〇周年です。

日本のみならず、世界中の戦争がなくなるよう願いをこめて、継続できる年まで開催していくつもりです。一〇〇周年は、この目で必ず見届けるつもりでいます。その先も「戦後」がずっと続きますように。

おわりに

小さいころ、我が家の食卓で過去の戦争のことが話題にのぼることは一切ありませんでした。戦争世代である祖父母とは離れて暮らしており、父母は戦争の記憶がない世代でした。そんな私が、ここまで戦争にこだわるようになるとは思いもよらなかっただけに、「出会い」の影響力に改めて驚かされます。

一方、夫の浅井久仁臣は、「別れ」によって戦争にこだわるようになりました。職業軍人であった浅井の父・俊夫は、復員したものの、戦地でわずらった病に倒れて二九歳の若さで旅立ちました。当時一歳だった浅井は、物心つくようになると村の「英雄」になっていた父親の話をしてと、亡き父への憧れから、周囲にせがむようになりました。話をきくうちに戦争が父をうばったと勘違いした少年期の浅井は、元日本兵たちに「戦争をなくす仕事はないの?」とたずねました。すると二人の復員兵から「新聞記者かなぁ」という答えが返ってきたので、ジャーナリストを志望するようになったと言います。

彼の母・千代子は、新婚生活を朝鮮・平壌（ピョンヤン）の官舎で送っていましたが、敗戦の混乱の中で夫と生き別れ、生後七カ月の息子をおぶって十カ月間も北朝鮮を逃げまどった経験があります。命からがら帰国して夫と再会し、生活が落ち着いてきたように見えた矢先、先立たれてしまったのです。

彼女は当時を回顧して、こう言います。

「自分だけじゃなくて、みんなそうだった。だから、つらいとか、そんなふうにはぜんぜん思わなかったの」

アジア太平洋戦争における軍人軍属の戦没者数は二三〇万人とされており、家族をなくした人はたくさんいました。どこの家庭にも、その歴史をひもとけば戦争の爪あとは存在するのです。

戦争が話題にのぼらなかった我が家でも、ＢＦＰをはじめた頃に母方の祖父がシベリア抑留経験者だったと知りました。戦争と自分は無関係だと思いこんでいても、きちんときいてみるとこういう話があったのです。

今後、過去の戦争の話をする家庭はますます少なくなるでしょう。戦争体験をもつ家族から直接話をきく機会は、近いうちに皆無になります。そうなれば、戦争と自分の関係を感じられない人が増えて当然です。

ただ、私がそうであったように、何かのきっかけさえあれば、人は変わり、動きだす可能性をもっています。だからこそ、「過去の戦争を知り、未来のかたちを考えるきっかけをつくる」ことを目標に掲げ、私たちは邁進しつづけます。

二〇一三年に生まれた息子に、義父と夫から一文字ずつ漢字をもらって駿仁（としひと）と名づけました。若くして他界した義父の無念を、少しでも受け継ぐことができたらと思ってのことです。全く意図していなかったことですが、出産した病院の住所は平和町一丁目一番地でした。

長年戦場報道にたずさわってきた浅井にきいたことがあります。

「この子が、父親のように戦場取材に行きたいと言い出したらどうしよう！」

すると、

「その前に、世界中の戦争をなくせばいいんじゃない」

と軽やかな返事がありました。

確かに、その通りです。「戦争はなくなるはずがない」「個人ができることには限りがある」と思いこんでいる人が多いですが、たとえ不可能と見えることでも、小さなことでも、一人一人がそこに向き合えば、できることはたくさんあるのではないでしょうか。

「過去の戦争を知り、未来のかたちを考えるきっかけをつくる」……。遠回りかもしれないけれど、過去に立ち返ることで見えてくることがあります。確実に増えてきたＢＦＰのつながりを大切に、具体的な未来のイメージを描きながら、これからも平和への旅をつづけます。

これまでの一〇年について、このような形でまとめることができて、感謝の気持ちでいっぱいです。会員および支援者の皆様に、厚くお礼申し上げます。

本文に人名表記が多いと感じるかもしれませんが、ここまでやってこられたのは一人の力ではなく、多くの皆様のご協力とご支援があったからです。感謝の意味をこめて、一部の方のみになってしまいましたが、ご紹介させていただきました。

出版を実現してくださった梨の木舎の羽田ゆみ子さんには心から感謝しています。

本当にありがとうございました。

神　直子

二〇一五年四月

著者プロフィール
神　直子（じん　なおこ）
1978年生まれ。青山学院大学文学部英米文学科卒業。一般企業人事企画本部勤務後、NPOに転職。2004年にブリッジ・フォー・ピースを立ち上げ、現在、代表理事。
共著に『私たちが戦後の責任を受けとめる30の視点』（合同出版）、『未来の入会（いりあい）コミュニティ・コモン—市民がつくる地域力拠点　街を元気にする事例』（ＮＰＯメディアネットワーク）。

連絡先：
NPO法人ブリッジ・フォー・ピース
東京都港区青山5-17-2-5F表参道プラザ
メール：office@bridgeforpeace.jp
FAX.　03-6781-3101
URL：http://bridgeforpeace.jp/

■教科書に書かれなかった戦争　PART 62
ビデオ・メッセージでむすぶアジアと日本—わたしがやってきた戦争のつたえ方

2015 年 5 月 25 日　初版発行

著　者：神　直子
装　丁：タナカリカコ
発行者：羽田ゆみ子
発行所：梨の木舎
〒101－0051
東京都千代田区神田神保町1－42
Tel.03-3291-8229　fax. 03-3291-8090
振替 00160-0-167140
e メール　nashinoki-sha@jca.apc.org
http:///jca.apc.org/nashinoki-sha/

印刷所：厚徳社　　DTP：具羅夢

32. オビンの伝言 —タイヤルの森をゆるがせた台湾・霧社事件	中村ふじゑ著	2200円	
33. ヨーロッパ浸透の波紋 —安土・桃山期からの日本文化を見なおす	海原峻著	2500円	
34. いちじくの木がたおれぼくの村が消えた—クルドの少年の物語	ジャミル・シェイクリー著	1340円	
35. 日本近代史の地下水脈をさぐる —信州・上田自由大学への系譜	小林利通著	3000円	
36. 日本と韓国の歴史教科書を読む視点	日本歴史教育研究会編	2700円	品切
37. ぼくたちは10歳から大人だった —オランダ人少年抑留と日本文化	ハンス・ラウレンツ・ズヴィッツァー著	5000円	
38. 女と男のびやかに歩きだすために	彦坂諦著	2500円	
39. 世界の動きの中でよむ　日本の歴史教科書問題	三宅明正著	1700円	
40. アメリカの教科書に書かれた日本の戦争	越田　稜著	3500円	
41. 無能だって？それがどうした？! —能力の名による差別の社会を生きるあなたに	彦坂諦著	1500円	
42. 中国撫順戦犯管理所職員の証言—写真家新井利男の遺した仕事	新井利男資料保存会編	3500円	
43. バターン遠い道のりのさきに	レスター・Ｉ.テニー著	2700円	
44. 日本と韓国の歴史共通教材をつくる視点	歴史教育研究会編	3000円	品切
45. 憲法９条と専守防衛	箕輪登・内田雅敏／著	1400円	
47. アメリカの化学戦争犯罪	北村元著	3500円	
48. 靖国へは行かない。戦争にも行かない	内田雅敏著	1700円	
49. わたしは誰の子	葉子・ハュス‐綿貫著	1800円	
50. 朝鮮近代史を駆けぬけた女性たち３２人	呉香淑著	2300円	
51. 有事法制下の靖国神社	西川重則著	2000円	
52. わたしは、とても美しい場所に住んでいます	基地にNO！アジア・女たちの会編	1000円	
53. 歴史教育と歴史学の協働をめざして —ゆれる境界・国家・地域にどう向きあうか	坂井俊樹・浪川健治／編著	3500円	
54. アボジが帰るその日まで	李熙子・竹見智恵子／著	1500円	
55. それでもぼくは生きぬいた —日本軍の捕虜になったイギリス兵の物語	シャーウィン裕子著	1600円	
56. 次世代に語りつぐ生体解剖の記憶 — 元軍医湯浅さんの戦後	小林節子著	1700円	
57. クワイ河に虹をかけた男—元陸軍通訳永瀬隆の戦後	満田康弘著	1700円	
58. ここがロードス島だ、ここで跳べ、	内田雅敏著	2200円	
59. 少女たちへのプロパガンダ —「少女倶楽部」とアジア太平洋戦	長谷川潮著	1500円	
60. 花に水をやってくれないかい？ — 日本軍「慰安婦」にされたファン・クムジュの物語	イ・ギュヒ著／保田千世：訳	1500円	
61. 犠牲の死を問う—日本・韓国・インドネシア	高橋哲哉・李泳采・村井吉敬／コーディネーター内海愛子	1600円	

20. 46. 欠番　価格は本体表記（税抜）

●シリーズ・教科書に書かれなかった戦争——既刊本の紹介●

1.	教科書に書かれなかった戦争	アジアの女たちの会編	1650円	
2.	増補版 アジアからみた「大東亜共栄圏」	内海愛子・田辺寿夫/編著	2400円	
3.	ぼくらはアジアで戦争をした	内海愛子編	1650円	
4.	生きて再び逢ふ日のありや—私の「昭和百人一首」	高崎隆治撰	1500円	在庫僅少
5.	増補版 天皇の神社「靖国」	西川重則著	2000円	在庫僅少
6.	先生、忘れないで！	陳野守正著	2000円	
7.	改訂版 アジアの教科書に書かれた日本の戦争—東アジア編	越田稜編著	2200円	
8.	増補版 アジアの教科書に書かれた日本の戦争—東南アジア編	越田稜編著	2500円	
9.	語られなかったアジアの戦後—日本の敗戦・アジアの独立・賠償	内海愛子・田辺寿夫編著	3107円	品切
10.	増補版 アジアの新聞が報じた自衛隊の『海外派兵』と永野発言・桜井発言	中村ふじゑ他翻訳・解説	2700円	
11.	川柳にみる戦時下の世相	高崎隆治選著	1825円	
12.	満州に送られた女たち大陸の花嫁	陳野守正著	2000円	品切
13.	増補版 朝鮮・韓国は日本の教科書にどう書かれているか	君島和彦・坂井俊樹編／著	2700円	在庫僅少
14.	「陣中日誌」に書かれた慰安所と毒ガス	高崎隆治著	2000円	
15.	ヨーロッパの教科書に書かれた日本の戦争	越田稜編著	3000円	
16.	大学生が戦争を追った—山田耕筰さん，あなたたちに戦争責任はないのですか	森脇佐喜子著・解説高崎隆治・推薦内海愛子	1650円	
17.	１００冊が語る「慰安所」・男のホンネ	高崎隆治編・著		品切
18.	子どもの本から「戦争とアジア」がみえる—みんなに読んでほしい300冊	長谷川潮・きどのりこ／編著	2500円	
19.	日本と中国－若者たちの歴史認識	日高六郎編	2400円	品切
21.	中国人に助けられたおばあちゃんの手からうけつぐもの	北崎可代著	1700円	
22.	新装増補版・文玉珠－ビルマ戦線楯師団の「慰安婦」だつた私	語り・文玉珠／構成と解説森川万智子	2000円	
23.	ジャワで抑留されたオランダ人女性の記録	ネル・ファン・デ・グラーフ著	2000円	
24.	ジャワ・オランダ人少年抑留所	内海愛子他著	2000円	
25.	忘れられた人びと—日本軍に抑留された女たち・子どもたち	S・F・ヒュ－イ著・内海愛子解説	3000円	
26.	日本は植民地支配をどう考えてきたか	和田春樹・石坂浩一編	2200円	
27.	「日本軍慰安婦」をどう教えるか	石出法太・金富子・林博史編	1500円	
28.	世界の子どもの本から「核と戦争」がみえる	長谷川潮・きどのりこ／編著	2800円	
29.	歴史からかくされた朝鮮人満州開拓団と義勇軍	陳野守正著	2000円	
30.	改訂版 ヨーロッパがみた日本・アジア・アフリカ—フランス植民地主義というプリズムをとおして	海原峻著	3200円	
31.	戦争児童文学は真実をつたえてきたか	長谷川潮著	2200円	

教科書に書かれなかった戦争

③ぼくらはアジアで戦争をした

内海愛子 著
A5判／ 224頁／定価1650円＋税

内海愛子さんと５人の戦争体験者の対談（1985年）。高崎隆治（作家）、岡本愛彦（映画監督）、飯田進（福祉施設長）、湯浅謙（医師）、亀井文夫（映画監督）の話から日本の軍隊の姿が浮き彫りになる。

ファクトをおさえて考えよう。

ほんとに、いま、再び、国防軍が必要ですか？

978-4-8166-9507-9

⑲少女たちへのプロパガンダ

――『少女倶楽部』とアジア太平洋戦争

◉目次　第一章 満州事変が起こされる　第二章 仮想の日米戦争　第三章 支那事変に突入する　第四章 太平洋戦争前夜　第五章 破滅の太平洋戦争

長谷川潮 著
四六判/152頁／定価1500円＋税

テレビやインターネットの誕生以前は、雑誌が子どもたちの夢や、憧れを育み、子どもと社会をつなぐ重要な文化的チャンネルだった。アジア太平洋戦争の時代に軍が少女雑誌に求めたものは、「少女たちを従軍看護婦に」ということだった…。

978-4-8166-1201-5

⑳花に水をやってくれないかい?

――日本軍「慰安婦」にされたファン・クムジュの物語

イ・ギュヒ 著／保田千世 訳
四六判／ 164 頁／定価 1500 円＋税

◉目次　507号室はなんだかヘンだ　鬼神ハルモニ　うっかりだまされていた「イアンフ」って何? 変わってしまったキム・ウンピ　留守の家で　わたしの故ガソンペンイ　成興のお母さん　汽車に乗って　生きのびなくては　お母さんになる　もう1度慰安婦ハルモニになって　他

植民地化の朝鮮で日本軍の慰安婦にされたファン・クムジュハルモニの半生を、10代の少女に向けて描いた物語。

978-4-8166-1204-6

㉑犠牲の死を問う――日本・韓国・インドネシア

高橋哲哉・李泳采・村井吉敬　コーディネーター・内海愛子
A5版／ 160頁／本体1600円＋税

◉目次　1 佐久で語りあう――「靖国と光州5・18基地は、構造として似ているところがあるについて●犠牲の死を称えるの　高橋哲也●死の意味を付与されなければ残された人々は生きていけないイ・ヨンチェ●国家というのはフィクションです　村井吉敬　2 東京で語りあう――追悼施設につきまとう政治性、棺桶を担いで歩く抵抗等々について。

「犠牲の死」、あなたは称えますか？　靖国問題から犠牲の論理を問い続けてきた高橋哲哉さん、民主化運動の犠牲の意味を考えてきた季泳采さん、インドネシアを歩いて、国家も追悼もフィクションだと実感している村井吉敬さん、3人が語る。

978-4-8166-1308-1

傷ついたあなたへ　四刷

わたしがわたしを大切にするということ

NPO法人・レジリエンス 著
A5判／104頁／定価1500円＋税

◆DVは、パートナーからの「力」と「支配」です。誰にも話せずひとりで苦しみ、無気力になっている人が、DVやトラウマとむきあい、のりこえていくには困難が伴います。
◆本書は、「わたし」に起きたことに向きあい、「わたし」を大切にして生きていくためのサポートをするものです。

978-4-8166-0505-5

傷ついたあなたへ 2

わたしがわたしを幸せにするということ

NPO 法人・レジリエンス 著
A5判／85頁／定価1500円＋税

ロングセラー『傷ついたあなたへ』の２冊目です。Ｂさん（加害者）についてや、回復の途中で気をつけておきたいことをとりあげました。

978-4-8166-1003-5

東アジアのフィールドを歩く

――女子大学生がみた日・中・韓のすがお

李泳采・恵泉女学園大学東アジア FS グループ 編著
A5判／126頁／定価1600円＋税

◉目次　1 わたしたちのフィールドスタディ――日・中・韓をめぐる12日間
2 それぞれのフィールド――見て、聞いて、考えた
3 これから――東アジアはわたしたちの未来だ

恵泉女学園大学国際学科の学生たちの12日間のフィールドワークの体験記録だ。国境を越え、歩き、たくさんの出会いがあった。実感し、感動した。さらに疑問が生まれ、考えて、書いて、この本が生まれました。「可愛い子には旅をさせろ」って、昔の人も言ってたよね。

978-4-8166-1402-6

旅行ガイドにないアジアを歩く

マレーシア

高嶋伸欣・関口竜一・鈴木　晶 著
A5判変型／192頁／定価2000円＋税

◉目次　1章 マレーシアを知りたい　2章 クアラ・ルンプールとその周辺　3章 ペナン島とその周辺　4章 ペラ州　5章 マラッカとその周辺　6章 ジョホール・バルとその周辺　7章 マレー半島東海岸　8章 東マレーシア

「マラッカ郊外の農村で村の食堂に入り手まねで注文した。待つ間に年配の店員が出てきて「日本人か」と聞いた。「それでは戦争中に日本軍がこのあたりで住民を大勢虐殺したのを知っているか」と。ここからわたしの長い旅がはじまった」（はじめに）

978-4-8166-1007-3